Danke schön!

Für wertvolle Hinweise, Anregungen und Informationen danke ich:
Gesundheitspädagogin Doris Müßig
Heilpraktikerin Silvia Ohm
Heilpraktikerin Michaele Klute
Wechseljahreberaterin Brigitte Hieronimus
Frauenärztin Dr. med. Claudia Schumann

Wichtiger Hinweis:
Alle Ratschläge und Rezepte sind sorgfältig geprüft. Die Informationen in diesem Buch können jedoch die Diagnose und Behandlung durch Ärzte oder Heilpraktiker nicht ersetzen. Bei ernsten Erkrankungen und Beschwerden sollte immer individueller fachlicher Rat eingeholt werden.

Irmela Erckenbrecht

Das Wechseljahre-Kochbuch

Gesund essen, gesund bleiben

Irmela Erckenbrecht

Das Wechseljahre-Kochbuch
Gesund essen, gesund bleiben

Inhalt

Vorwort

Tue Deinem Körper Gutes,
damit Deine Seele Lust hat
darin zu wohnen.
Theresa von Aquila

»Und was kann ich sonst machen, statt Hormonen?«
Diese Frage höre ich jedes Mal in der Diskussion nach Vorträgen zum Thema Wechseljahre, die ich regelmäßig im Rahmen von Frauengesundheitswochen halte.

Zwar quälen die Hitzewallungen tags und rauben nachts den Schlaf – aber Hormone wollen viele Frauen nicht oder nicht mehr einnehmen, aus Angst vor Brustkrebs und Herzinfarkt.

»Sport und gesunde Ernährung«, ist dann meine eher pauschale Antwort. Aber wenn es konkreter wird, »Was soll ich denn kochen?«, blieb ich bislang die Antwort schuldig.

Und genau in diese Lücke passt das »Wechseljahre-Kochbuch«. Ich war begeistert, als ich von der Idee hörte, und freue mich sehr, dazu ein Vorwort schreiben zu dürfen.

»Wechseljahre und Beschwerden« – das Thema schien in den 1990er-Jahren erledigt zu sein. Man kannte die Ursache, den Hormonmangel, und man hatte das Gegenmittel, die Hormonersatztherapie. In den 1960er-Jahren wurde sie in Amerika entdeckt. Was zunächst als Medikament gegen die typischen Beschwerden gedacht war, wurde immer mehr zum Allheilmittel gegen das Alter. »Forever Young« hieß die Devise: keine Beschwerden, kein Nachlassen der Energie, keine Falten, keine Osteoporose, kein Alzheimer.

Und das hat Frauen überzeugt, denn davor haben sie Angst. »Sind das etwa schon die Wechseljahre?« höre ich oft in meiner Praxis, wenn Mitte Vierzig die Blutungen unregelmäßig werden. Und dahinter steht die Sorge, jetzt »so« zu werden: zickig, mit rotem Kopf, unansehnlich, ältlich.

Genau diese Angst hat die Hormonwerbung aufgegriffen. Über Jahrzehnte haben Ärzte und Ärztinnen versprochen: Beschwerden müssen nicht sein, die Wechseljahre können wegretuschiert werden – und das ist auch noch gut für die Gesundheit, denn es hilft gegen Osteoporose. Frauen haben diese Botschaft meist gerne aufgenommen, das Leben ohne Hitzewallungen und Schlafprobleme war deutlich einfacher. Die Hormone reduzierten die Angst vor dem Alter.

Hinter der Verschreibung von Hormonen stand die Theorie: Frauen sind »falsch konstruiert«, ihre Eierstöcke altern zu früh – deshalb müssen Hormone von außen zugeführt werden. Jetzt wissen wir, dass das einer der vielen Fehlschlüsse in der Medizin war. Und dass die Frauengesundheitsbewegung Recht hatte, als sie die Wechseljahre als einen Übergang ins Alter begriff – »Pubertät andersrum« nannte es eine meiner Patientinnen – und schon früh vor der automatischen Hormonbehandlung warnte. Belegt wird das durch große amerikanische und englische Studien, die in den 1990er-Jahren endlich begonnen wurden, um die Wirkung der Hormone ganz genau zu untersuchen. Die unerwartet schlechten Ergebnisse führten zum spektakulären Studienabbruch der amerikanischen Studie (WHI) im Sommer 2002 und zu einer allgemeinen Ernüchterung im Umgang mit den Hormonen.

Genau da setzt dieses Buch ein. Im ersten Teil finden Sie das heutige Wissen über Wechseljahre und Hormone, aktuell und spannend dargestellt. Diese Informationen sind die Basis, um die Wechseljahre mit Neugierde statt mit Angst ansehen zu können. Diesen körperlichen und seelischen Wechselbädern, die jede Frau anders erlebt, sind wir aber nicht hilflos ausgeliefert. Da müssen wir zwar durch, aber wir können selbst etwas für uns tun, uns das Leben erleichtern und so auch Positives an der neuen Lebensphase entdecken.

Mir gefällt am »Wechseljahre-Kochbuch«: Da wird keine neue Doktrin aufgestellt, werden nicht einfach Sport, Körner & Co. verordnet, sondern die Autorin baut Brücken vom »normalen« Leben zu einem körperbewussteren und gesünderen Umgang mit uns selbst. Sie gibt Tipps, wie das Essen umgestellt werden kann, wie weißes Mehl und weißer Zucker so allmählich verschwinden können, dass die Familie nicht protestiert. Sie geht ausführlich auf die »pflanzlichen Hormone« ein, die in Pillenform jetzt vermehrt vermarktet werden, viel gesünder aber einfach mit dem Essen aufgenommen werden können. Sie erläutert, wie man zu einem Sportprogramm kommt, das gut tut und Spaß macht. Und sie verteufelt die Hormone nicht, die ihren Platz behalten als Medikament bei sehr starken Beschwerden.

Das Buch entwirft kein Pflichtprogramm, sondern eine Anleitung zum Wohlfühlen.

Ich freue mich jetzt schon darauf, beim nächsten Vortrag sagen zu können: »Da gibt es ein gutes Buch darüber, was Sie für sich tun können in den Wechseljahren – und die Rezepte schmecken richtig gut!«

Dr. med. Claudia Schumann
Frauenärztin / Psychotherapie

Hereinspaziert!

Und keine Angst vor den Wechseljahren! Sie sind keine Krankheit, kein Fluch und keine Katastrophe, sondern markieren für uns Frauen in der Lebensmitte nur den Aufbruch in eine neue Entwicklungsphase. Sie stehen für eine Zeit der Bestandsaufnahme, des inneren und äußeren Wandels – und wie jede Neuorientierung bergen sie ungeheure Chancen in sich!

Natürlich können sie auch mit Ängsten und Beschwerden verbunden sein. Doch brauchen wir dem bedrohlichen Aspekt der Wechseljahre nicht hilflos gegenüber zu stehen. Gut informiert und mit einer breiten Palette abgestufter Maßnahmen ausgestattet, können wir je nach individueller Lage gegensteuern, für uns sorgen und uns Rat und Hilfe holen.

Vor allem im Zuge der umstrittenen Hormonbehandlung ist in den letzten Jahrzehnten ein Zerrbild von den »Leiden« älter werdender Frauen entstanden, das viele verängstigt und mehr Verwirrung als Aufklärung gestiftet hat. Dieses Buch will dazu beitragen, die Nebel zu lichten und damit den Blick auf all die verheißungsvollen Wege freizumachen, die uns in dieser Zeit zur Verfügung stehen.

Dazu brauchen wir an erster Stelle Informationen. Die Frage »Was sind die Wechseljahre?« steht deshalb im ersten Kapitel auch im Vordergrund. Dabei wird sich zeigen, dass es sich bei den Wechseljahren um einen ganz normalen, von der Natur in weiser Voraussicht eingerichteten biologischen Wandlungsprozess handelt, der je nach persönlicher Situation und kultureller Einbettung sehr verschieden erlebt werden kann.

Weil jede Frau diesen Prozess anders durchläuft, mögliche Beschwerden also ganz individuell ausfallen und auch ganz unterschiedlich stark sein können, erscheint eine Einheitstherapie für alle, wie sie im Rahmen der Hormonbehandlung jahrzehntelang versucht wurde, wenig geeignet. Ganz unabhängig davon hat sich diese Form der Behandlung, wie wir im zweiten Kapitel sehen werden, für ein solches Gießkannenprinzip auch als viel zu riskant erwiesen. Sehr viel sinnvoller ist stattdessen ein flexibles, der persönlichen Situation jederzeit anpassbares Stufenleitermodell, das wir uns in diesem Zusammenhang ausführlich anschauen wollen.

In dritten Kapitel zum Thema Ernährung schließlich werden wir sehen, wie wir akute Beschwerden und langfristige Folgen auf ganz natürliche, sanfte und schonende Weise – sozusagen per oraler Therapie vom Tellerrand – lindern können. Pflanzliche Hormone als natürliche Inhaltsstoffe vollwertiger Lebensmittel und viele andere in den Wechseljahren besonders wichtige Nährstoffe und bioaktiven Pflanzenstoffe können dazu beitragen, hormonelle Turbulenzen auszugleichen, unseren Körper zu unterstützen und unsere Seele zu stärken. Viele Frauen berichten davon, dass ihnen eine gezielte Ernährungsumstellung in den Wechseljahren enorm geholfen hat.

Damit Ihnen eine solche Umstellung nicht schwer fällt, sondern ganz im Gegenteil mit möglichst viel Genuss verbunden ist, lade ich Sie im Rezeptteil dieses Buches in meine vegetarische Vollwertküche ein. Alle Gerichte sind gaumenschmaus-getestet und enthalten eine geballte Ladung all der Pflanzenstoffe, von denen man durch wissenschaftliche Studien weiß, dass sie Wechseljahrebeschwerden lindern können und auch sonst in vielerlei Hinsicht gesundheitsfördernd sind.

Halten Sie also schon einmal Kochschürze und -löffel parat, um all die leckeren Rezepte auszuprobieren, mit denen Sie sich ganz genussvoll selbst helfen und schützen können.

Ich wünsche Ihnen alles Gute für diese interessante, wechselvolle Zeit!

Ihre

Irmela Erckenbrecht

Was sind die Wechseljahre?

> ► Die Wechseljahre sind eine natürliche Entwicklungsphase im Leben jeder Frau.

Zuallererst: Die Wechseljahre sind ein ganz natürliches Phänomen. Sie sind kein Schicksalsschlag, den wir erleiden, keine Krankheit, vor der wir uns fürchten müssen. Sie sind nicht mehr und nicht weniger als eine wichtige Entwicklungsphase im Leben jeder Frau und bergen als solche die Chance auf Wachstum in sich, können aber wohl gerade deshalb auch mit Wachstumsschmerz verbunden sein.

Vor noch nicht allzu langer Zeit hatte man nur nebulöse Vorstellungen davon, was während der Wechseljahre mit dem weiblichen Körper geschieht. Medizinisches Unwissen paarte sich mit gesellschaftlicher Prüderie. Wie andere mysteriöse »Frauenleiden« mussten mögliche Beschwerden meist schweigend erduldet werden. Heute wissen wir zum Glück sehr viel mehr über die biologischen Zusammenhänge. Dieses Wissen können wir nutzen, um ganz bewusst und rundum informiert in diese Lebensphase hineinzugehen.

> ► Aus biologischer Sicht sind sie Abschiedsjahre von der Fruchtbarkeit.

Biologisch gesehen sind die Wechseljahre Abschiedsjahre von der Fruchtbarkeit. Die Aktivität der Eierstöcke lässt langsam nach und der Körper stimmt sich auf die Zeit nach der letzten Regelblutung ein.

Der Fachbegriff für die Wechseljahre lautet »Klimakterium«. Das kommt aus dem Griechischen und bedeutet »Stufenleiter« – ein wahrhaft schönes Bild! Auch im biologischen Sinne gibt es mehrere Stufen. Die markanteste ist die letzte Regelblutung, die Menopause. Die Jahre davor fallen in die Prämenopause (»prä« = »vor«), die Jahre danach in die Postmenopause (»post« = »nach«). Die Zeit unmittelbar um die letzte Blutung herum heißt Perimenopause (»peri« = »um«). Freilich ist der Zeitpunkt der letzten Menstruation erst im Nachhinein festzustellen, eben wenn über einen längeren Zeitraum keine weitere Blutung mehr gefolgt ist. Wir warten ein Jahr ab, dann können wir uns sicher sein: Diese letzte Menstruation war die Menopause. Im Durchschnitt sind wir zu diesem Zeitpunkt 51 bis 52 Jahre alt.

▶ **»Klimakterium« heißt »Stufenleiter« – ein schönes Bild!**

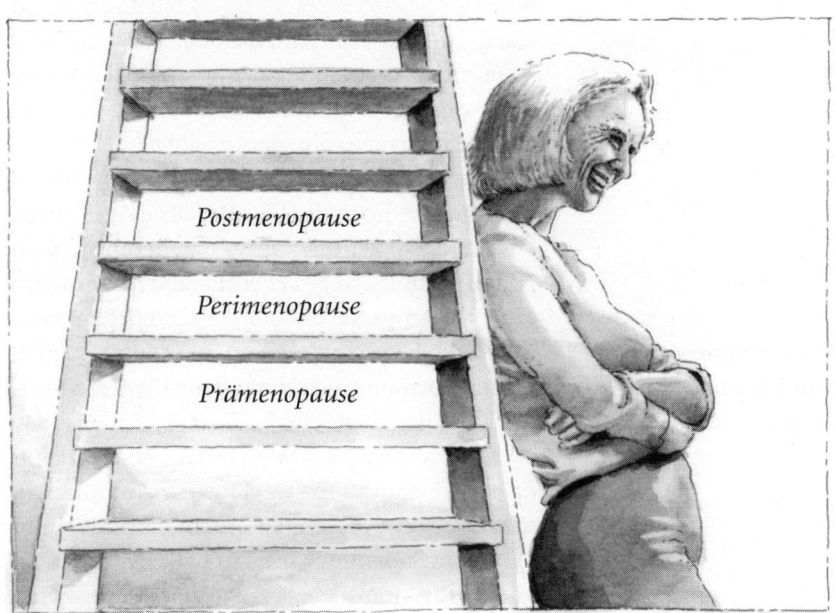

Postmenopause

Perimenopause

Prämenopause

Auf der Hormon-Achterbahn

Jedes Mädchen kommt mit einem großen Vorrat an Eibläschen, den Follikeln, auf die Welt. Ab der Pubertät reifen im Monatsrhythmus Eibläschen heran und werden durch die Eileiter in Richtung Gebärmutter auf den Weg geschickt. Geht der Vorrat in den Eierstöcken zur Neige, beginnt die Prämenopause. Bis dahin haben die

► Der natürliche
Vorrat an Eibläschen
geht in den Wechsel-
jahre zu Ende.

Eibläschen nämlich regelmäßig das weibliche
Geschlechtshormon Östrogen gebildet. Jetzt,
wo es nur noch wenige Bläschen gibt, lässt die
Produktion nach und das bisherige hormonelle
Gleichgewicht gerät ins Wanken.

Hormone sind Botenstoffe, die Informationen zwischen Zellen, Geweben und Organen
transportieren. Sie werden in bestimmten Drü-
sen und Organen (z. B. Schilddrüse, Eierstöcke)
produziert, um an anderer Stelle Prozesse in
Gang zu setzen. In einem hoch komplizierten
Zusammenspiel sind Hormone an der Steue-
rung und Koordination von Stoffwechselvor-
gängen im ganzen Körper beteiligt.

Der weibliche Monatszyklus wiederum wird
durch einen hormonellen Regelkreis gesteuert,
dessen Schaltzentrale im Zwischenhirn, dem
Hypothalamus, angesiedelt ist. Direkt mit dem
Hypothalamus verbunden ist die Hirnanhangdrüse, die Hypophyse. Gemeinsam überwachen

► Hormone steuern
Stoffwechselvorgänge
im gesamten Körper.

sie alle hormonproduzierenden Organe, darunter auch die Eierstöcke.

Das Zwischenhirn aktiviert die Hirnanhangdrüse, die daraufhin zwei Hormone produziert:
das follikelstimulierende Hormon (FSH) und
das luteinisierende Hormon (LH). Beide wirken
auf die Eierstöcke. Zum Zyklusbeginn wird FSH
ausgeschüttet. Es sorgt dafür, dass mehrere Eier
heranreifen und das Sexualhormon Östrogen
produzieren. Das Östrogen lässt die Schleimhaut in der Gebärmutter wachsen, damit sich
im Fall einer Befruchtung das Ei einnisten kann.
In der Mitte des Zyklus fängt die Hirnanhangdrüse an, große Mengen LH auszuschütten.
Das Eibläschen platzt und die Eizelle gleitet
in den Eileiter. Die zurückgebliebene Eihülle
verwandelt sich in ein gelbliches Gebilde, den

so genannten Gelbkörper, der nun zusätzlich noch ein ganz anderes Hormon bildet, nämlich das Progesteron oder Gelbkörperhormon. Damit beginnt die zweite Zyklushälfte, in der die Gebärmutterschleimhaut unter dem Einfluss des Progesterons mit den für eine erfolgreiche Einnistung nötigen Nährstoffen angereichert wird. Bleibt die Befruchtung aus, bildet sich der Gelbkörper nach 10 bis 12 Tagen zurück, Östrogen- und Progesteronspiegel sinken, die Gebärmutterschleimhaut löst sich ab und wird mit der Menstruation ausgeschwemmt. Der alte Zyklus geht damit zu Ende, aber der FSH-Wert steigt sofort wieder an, um einen neuen Zyklus einzuleiten.

► Ohne Eibläschen fehlt die bisherige Hauptquelle für die weiblichen Sexualhormone Östrogen und Progesteron.

Wenn nun in den Eierstöcken immer weniger Eibläschen vorhanden sind, geht die Hauptquelle für die weiblichen Sexualhormone Östrogen und Progesteron verloren und die Hormonspiegel sinken. Dieser Prozess setzt aber nicht abrupt, sondern schleichend ein. Im Laufe der Jahre kommt es immer seltener zu einem Eisprung, die Möglichkeit, schwanger zu werden, nimmt damit ab. In Zyklen ohne Eisprung gibt es keinen Gelbkörper, folglich wird auch kein Progesteron gebildet. Der Zyklus wird unregelmäßig, Länge und Intensität der Menstruation verändern sich, es kann zu Schmierblutungen kommen und immer mal wieder bleibt eine Blutung aus.

► Der Zyklus wird unregelmäßig, Intensität und Dauer der Menstruation verändern sich.

Allerdings lässt die Bildung von Östrogen nicht kontinuierlich nach, sondern schwankt beträchtlich. Deshalb hätte es auch wenig Zweck, jetzt den Östrogenspiegel zu messen. Ob eine Frau tatsächlich in den Wechseljahren ist, ließe sich eher an einem hohen FSH-Wert ablesen. Offenbar reagieren die Eierstöcke man-

▶ Typisch für die Wechseljahre sind starke Schwankungen bei den Hormonwerten.

gels Masse an Eibläschen nämlich nicht mehr so stark auf das follikelstimulierende Hormon (FSH). Die Hirnanhangdrüse lässt sich dies aber nicht so ohne weiteres gefallen und schüttet umso größere Hormonmengen aus, um auch noch das letzte Eibläschen aus den Eierstöcken herauszukitzeln. Schließlich besteht unsere biologische Aufgabe in der Fortpflanzung, und die Natur hat nicht die Absicht, irgendwelche Eibläschen, die noch für die Befruchtung taugen könnten, einfach zu verschwenden.

Wie stark diese Logik ist, können wir daran erkennen, dass die FSH-Menge im Blut in dieser Phase bis auf das Zwanzigfache ansteigen kann. Unter diesen Umständen kommt es dann vielleicht tatsächlich noch einmal zu einem Eisprung, Östrogen- und Progesteronwerte schnellen wieder auf ihr altes Niveau, fallen danach aber umso stärker wieder ab. Auf diese Weise kommt es zu dem berüchtigten Auf und Ab der Hormone. Mehr oder weniger unfreiwillig sitzen wir in einer Hormon-Achterbahn. Leider dauert es eine Weile, bis der Körper sein neues Gleichgewicht gefunden hat. Erst ganz allmählich pendelt er sich auf einen konstant niedrigen Östrogenspiegel ein.

▶ Erst ganz allmählich pendelt sich der Körper auf einen neuen, niedrigeren Hormonspiegel ein.

Die Wechseljahre – keine Mangelkrankheit

Dass Hormone uns – und unsere Stimmung – beeinflussen können, kennen wir aus Pubertät, Schwangerschaft und prämenstrueller Phase. Durch die veränderte hormonelle Situation in den Wechseljahren werden Stoffwechselprozesse ausgelöst, die zu körperlichen Veränderungen führen und von jeder Frau anders erlebt werden.

Um zu verstehen, warum die Medizin dazu neigt, den niedrigeren Östrogenspiegel als »Mangel« zu begreifen, müssen wir uns klar machen, dass Östrogene nicht nur die Schleimhaut der Gebärmutter beeinflussen, sondern im Körper darüber hinaus noch eine ganze Reihe anderer Wirkungen entfalten. So erweitern sie z. B. die Blutgefäße, verhindern dort Ablagerungen, senken Blutfett- und Blutdruckwerte und schützen so das gesamte Herz-Kreislauf-System. Solange sie fortpflanzungsfähig sind, stehen Frauen also unter einer Art natürlichem »Mutterschutz«, ihre Herzinfarktrate ist deutlich niedriger als die gleichaltriger Männer. Zehn Jahre nach der Menopause liegt sie dann aber schon mit der Rate der Männer gleichauf. Ähnlich ist es bei anderen Körpersystemen. So unterstützen Östrogene z. B. die Knochenbildung, nach der Menopause steigt deshalb das Osteoporose-Risiko.

Alles in allem besteht also ein erhöhtes Krankheitsrisiko, wenn wir uns nach der Menopause aus dem hormonellen »Mutterschutz« herausbewegen. Wie wir diesem Risiko am besten begegnen können, wollen wir später ausführlich besprechen.

Für die typischen Wechseljahrebeschwerden sind aber weniger kontinuierliche Mangelzustände, als vielmehr ständige Schwankungen verantwortlich. Hypothalamus und vegetatives Nervensystem geraten wegen dieser Schwankungen vorübergehend aus dem Gleichgewicht. Der Hypothalamus ist außer für den Menstruationszyklus nämlich auch für die Regulation von Wärme und Blutdruck sowie den Schlaf-Wach-Rhythmus verantwortlich. Gerät der Hy-

▶ **Die körperlichen Veränderungen in den Wechseljahren werden von jeder Frau anders erlebt.**

▶ **In den fruchtbaren Jahren stehen Frauen unter einem natürlichen »Mutterschutz«.**

▶ Nur ein Drittel aller Frauen hat in den Wechseljahren heftige Beschwerden.

pothalamus aus dem Takt, kann sich das auch auf seine anderen Funktionen auswirken, es kann zu Hitzewallungen, Schlafstörungen und Herzklopfen kommen.

Doch verläuft der Wechsel von der fruchtbaren in die unfruchtbare Phase längst nicht bei allen Frauen problematisch. Bei vielen werden die Blutungen einfach unregelmäßiger und seltener, bis sie eines Tages ganz aufhören, ohne dass es dabei zu irgendwelchen Beschwerden kommt. Manche haben sogar bis zur Menopause regelmäßige Blutungen und stellen ganz überrascht fest: Aha, das wird dann wohl die letzte gewesen sein. Etwa ein Drittel aller Frauen in Deutschland erlebt die Wechseljahre ohne nennenswerte Probleme, ein weiteres Drittel berichtet von leichten bis mäßigen, das letzte Drittel von heftigen Beschwerden.

▶ Die Wechseljahre sind eine Art umgekehrte Pubertät – mit allen schönen und aufregenden, aber auch allen aufwühlenden und verwirrenden Seiten einer so intensiven Wandlungszeit.

Dass es in den Wechseljahren zu Turbulenzen kommen kann, ist nur verständlich. Schließlich sind die Wechseljahre so etwas wie eine umgekehrte Pubertät: Während der Körper sich in unserer Jugend auf die Fortpflanzungsfähigkeit vorbereitete, kehrt sich der Prozess jetzt wieder um. Und wer sich an die Stürme der Pubertät erinnert, weiß, dass auch diese Zeit nicht immer einfach, aber trotzdem aufregend und spannend war. Beide Wandlungsprozesse sind mit ganz besonderen Wachstumsaufgaben verbunden. Immerhin kommt uns aber jetzt, im Vergleich zur Pubertät, eine gehörige Portion Lebenserfahrung zugute.

Dazu gehört vielleicht auch die Einsicht in die Weisheit der Natur. Die Schulmedizin vergleicht nur die Hormonspiegel in verschiedenen Lebensaltern, begreift die Werte während der fruchtbaren Jahre als Norm und stellt daraufhin für die Postmenopause einen Mangel fest. Selten aber stellt sie sich die Frage, welch tieferen Sinn der absinkende Östrogenspiegel haben könnte. Schließlich wissen wir, dass die Natur kaum einmal etwas sinnlos oder zufällig tut.

Tatsächlich lassen sich auf diese Frage einige einleuchtende Antworten finden:

▶ **Der niedrigere Östrogenspiegel hat auch gesundheitsfördernde Aspekte.**

▶ Zum Ersten schützt die Menopause nämlich endgültig vor weiteren Schwangerschaften und Geburten, die für den älter werdenden Organismus eine ziemlich große Belastung wären. Denken wir in diesem Zusammenhang auch einmal in historischen Dimensionen: Vor noch nicht allzu langer Zeit hatten Frauen eine sehr viel geringere Lebenserwartung. Noch im Jahr 1900 lag sie bei nur 42 Jahren. Natürlich wurde dieser Durchschnittswert auch von der hohen Kindersterblichkeit bestimmt, und es gab auch damals schon Frauen, die älter wurden. Doch wenn eine Frau tatsächlich alle lebensgefährlichen Klippen umschifft und ihren 50. oder 55. Geburtstag erreicht hatte, war die Menopause angesichts all der Schwangerschaften und Geburten, die sie mangels zuverlässiger Verhütungsmittel bis dahin hinter sich gebracht hatte, ein wahrer Segen.

▶ **Die Wechseljahre sind durchaus auch eine schlaue Erfindung der Natur.**

▶ Zum Zweiten könnte die verminderte Östrogenproduktion durchaus auch gesundheitsfördernde Aspekte besitzen. Jedenfalls gibt es inzwischen zahlreiche Belege dafür, dass weniger Östrogen im Körper bestimmten Erkrankungen wie hormonabhängigen Krebsarten entgegenwirkt.

▶ Zum Dritten hat die Natur durchaus für eine Art Notstromaggregat vorgesorgt: Wenn in

▶ Mit Hilfe von Nebennieren und Unterhautfettgewebe zapft der Körper alternative Östrogenquellen an.

den Eierstöcken keine Östrogene mehr produziert werden, stellt sich der Organismus auf Alternativen um. Vor allem die Nebennieren übernehmen nach und nach viele Aufgaben der Eierstöcke. So verdoppeln sie z. B. die Produktion von Androgenen, die im Unterhautfettgewebe in Östrogene umgewandelt werden können. Deshalb ist in den Wechseljahren eine leichte Gewichtszunahme durchaus gewollt. Die Rundungen sind Teil des natürlichen Regulationsprozesses.

Die Wechseljahre als »Reifungskrise«

Jüngere Frauen denken oft mit Bangen an die Wechseljahre, weil sie den Aufbruch ins Unbekannte fürchten. Sie haben Angst vor möglichen Beschwerden und dem Gefühl, nicht mehr attraktiv zu sein, von anderen übersehen oder gar abgeschoben zu werden. Etwas ältere Frauen, die gerade in den Wechseljahren stecken oder sie bereits hinter sich gelassen haben, berichten dagegen trotz mancher Schattenseiten oft von einer produktiven Zeit. Vielen geht es besser als früher, sie fühlen sich gesünder, ruhiger, gelassener und selbstsicherer. Sie wissen, was sie wollen, und tun, was ihnen gut tut.

▶ Viele Frauen erleben die Wechseljahre als produktive Zeit.

Die Wechseljahre brauchen wir also keinesfalls in den Wartezimmern diverser Arztpraxen zu verbringen. Sie sind kein Horrortrip, sondern können zum erfüllten Lebensabschnitt werden. Ob sie als belastend empfunden werden, hängt stark von den persönlichen Lebensumständen ab. Schließlich fallen sie ins mittlere Lebensalter, das ganz allgemein als Zeit der Bestandsaufnahme, des Bilanzziehens gilt. Nicht umsonst kennen wir den Begriff »Midlife Crisis«. Und die Psychologie spricht bei den Wechseljahren (wie auch z. B. bei der Pubertät, Schwangerschaft und Geburt) von einer »Reifungskrise« – einer Zeit, in der körperliche, geistige, seelische und soziale Anstrengungen und Integrationsleistungen nötig sind, aber auch etwas Positives, nämlich eine »Reifung« errungen wird.

▶ **Aus psychologischer Sicht sind die Wechseljahre eine »Reifungskrise«.**

Tatsächlich erleben viele Frauen die Wechseljahre als eine Zeit allgemeiner sozialer und psychischer Veränderungen: Die Kinder werden groß, stecken selbst gerade im Hormon-Wirrwarr der Pubertät oder verlassen das Haus. Die Mutterrolle, für viele Frauen über Jahre ihr wichtigster Lebensinhalt, muss anders definiert und mit neuem Leben erfüllt werden. Die Eltern erwachsener Kinder finden sich plötzlich als Paar wieder und müssen als solches vielfach erst wieder neu zueinander finden. Manche Beziehungen überstehen diese Phase der Neufindung nicht so ohne weiteres, die gemeinsame Sorge für die Kinder hat womöglich verdeckt, dass man sich längst auseinander gelebt hat, es kommt zu Krisen und Trennungen. Singles spüren vielleicht die Angst vor dem Alleinsein im Alter jetzt deutlicher als früher. Und kinderlose Frauen trauern, auch wenn sie sich bewusst für ein Leben ohne Kinder entschieden haben, in dieser Phase möglicherweise noch einmal um diesen nicht ausgelebten Aspekt ihrer Weiblichkeit.

▶ **In der Partnerschaft und in der Beziehung zu den flügge gewordenen Kindern bzw. zu den alten Eltern stehen in dieser Zeit oft große Veränderungen an.**

Da es immer mehr Frauen gibt, die sehr spät Kinder bekommen, können bei manchen Kleinkindphase und Wechseljahre auch zusammenfallen – eine neue Kombination, die mit ganz eigenen Belastungen verbunden sein kann. Und schließlich werden in diesem Le-

► Im Beruf werden für viele Frauen in diesem Alter die Grenzen des Erreichbaren deutlich.

bensabschnitt oft die eigenen Eltern krank oder gar pflegebedürftig, es müssen Regelungen gefunden werden, mit denen alle gut und menschenwürdig leben können. Allein das ist nicht leicht. Und wenn die alten Eltern sterben, tut dies immer weh – ganz egal, wie nah man sich im Leben stand.

37 Prozent aller Frauen zwischen 47 und 59 Jahren in Deutschland sind voll oder teilweise berufstätig. Sie müssen Tag für Tag voll leistungsfähig sein und wollen ihren Arbeitsplatz, zumal in wirtschaftlich unsicheren Zeiten, nicht gefährden. In diesem Alter zeichnet sich aber häufig auch ab, was wir auf beruflicher Ebene erreichen konnten und dass wir uns von manchen Träumen verabschieden müssen. Ein beruflicher Wechsel wird mit zunehmendem Alter schwieriger, manchen winkt vielleicht sogar schon der Vorruhestand. Gleichzeitig er-

► Falten, graue Haare, Lesebrille und körperliche Zipperlein erinnern ans Älterwerden.

innern nicht mehr zu übersehende Falten und altersbedingte Zipperlein ans Älterwerden. Viele Belastungen – wie falsche Ernährung, Rauchen, Stress, zu wenig Bewegung, chronischen Schlafmangel – können wir jetzt nicht mehr so locker wegstecken wie früher. Wir stoßen an unsere Grenzen, können nicht mehr so einfach auf allen Ebenen funktionieren, ohne auf die Bedürfnisse unseres Körper und unserer Psyche Rücksicht zu nehmen.

Gerade da liegt aber auch die Chance der Neuorientierung. Die Wechseljahre sind ein bewusst fühlbarer Einschnitt auch im positiven Sinne. Sie sind ein Zeichen dafür, dass es im Leben keinen Stillstand gibt, dass alles fließt, ständig wechselt und sich wandelt. Wir spüren, dass wir umsteuern, neue Akzente und Schwerpunkte setzen müssen.

Die Wechseljahre schenken hierfür die nötigen Freiräume: Wir müssen uns nicht mehr nur um die Kinder, sondern dürfen uns mehr um uns selber kümmern. Wir können verrückte Dinge tun, die wir schon immer mal ausprobieren wollten, können uns neue Aufgaben suchen, neuen Interessen nachgehen, neue Sichtweisen entwickeln, neues Wissen erwerben. Wir haben mehr Zeit für unseren Partner, können ungestörte Zweisamkeit nachholen, unsere Beziehung vertiefen. Wir brauchen uns um Verhütung, Unterleibskrämpfe und PMS keine Sorgen mehr zu machen. Unsere körperliche Fruchtbarkeit geht zu Ende, aber wir können noch viele geistige Kinder gebären!

Auch aus diesem Grund wäre es jetzt einfach jammerschade, uns mit einem Arzneischrank voller Medikamente über diese Zeit hinüberzu-»dopen« und ohne Innehalten einfach weiter zu hetzen. Stattdessen können wir versuchen, diese wichtige Phase bewusst als Teil unseres Lebenswegs anzunehmen und in ruhigere, aus Lebenserfahrung und größerer Gelassenheit gespeiste Fahrwasser überzuwechseln. Dazu beitragen kann auch eine bewusste Ernährungsumstellung.

► **Die Wechseljahre schenken den nötigen Freiraum für eine Neuorientierung – auch in puncto Ernährung.**

► **Werden die Wechseljahr bewusst als Teil des Lebensweges angenommen, bergen sie große Chancen in sich.**

Jugendwahn und Anti-Aging

Wie wir die Wechseljahre empfinden, hängt stark vom Bild des Älterwerdens in unserer Gesellschaft ab. Die Wechseljahre fallen in die Zeit, in der sich Spuren des gelebten Lebens nicht mehr länger leugnen lassen. Die Haut bekommt Falten, die Haare ergrauen, wir brauchen eine Lesebrille. Viele dieser äußeren Zeichen haben eine große emotionale Bedeutung. Ob wir es

► Ältere Menschen werden in unserer Gesellschaft diskriminiert. Auf allen Ebenen regiert der Jugendwahn.

► »Anti-Aging« heißt das angebliche Zaubermittel gegen den natürlichen Alterungsprozess, den aber kein Mensch anhalten oder gar umkehren kann.

wollen oder nicht: Die Wechseljahre sind auch ein Stück weit Abschied vom jugendlichen Schönheitsideal.

Dieses Schönheitsideal ist bei uns allgegenwärtig. Vermittelt wird es vor allem über die Medien. Aus Werbeanzeigen und -filmen lächeln uns so gut wie ausnahmslos gertenschlanke, faltenlose und auch sonst in jeder Hinsicht stets perfekte junge Models entgegen. Ältere Frauen sind in dieser Hochglanzwelt höchstens als burschikose Putzteufel, tüdelige Omatypen oder Käuferinnen der richtigen Gebiss-Haftcreme vertreten. Filmschauspielerinnen jenseits der 40 beklagen sich seit Jahren über den Mangel an anspruchsvollen Rollen für Frauen ihrer Altersklasse. Und selbst die berühmtesten aller glamourösen Hollywoodschönheiten werden auf Zeitschriftentitelseiten und Filmplakaten bis an die Grenze der Unkenntlichkeit retuschiert und bekommen als »Pretty Women« noch schlankere und noch längere Beine so genannter »Body Doubles« verpasst. Die Soziologie spricht in diesem Zusammenhang von einem »Jugendwahn«, der die gesamte Gesellschaft erfasst.

Fast schon logisch erscheint vor diesem Hintergrund die »Anti-Aging«-Welle. Nach dem bestsellerträchtigen Motto »Älter werde ich später« soll die Lebensuhr mit Hilfe von Kosmetik, Medizin und Nahrungsergänzung um Jahre zurückgedreht, das Altwerden verzögert oder versteckt werden. Schon 30- und 40-Jährige werden ermahnt, möglichst vielfältige Strategien gegen den ganz natürlichen Alterungsprozess zu ergreifen, den letztlich doch kein Mensch anhalten oder gar umkehren kann.

Der Anti-Aging-Markt boomt, das Spiel mit der Angst vor dem Alter ist ein lukratives

Geschäft. Um jung und fit zu bleiben, greifen Frauen, aber auch Männer gern und tief in ihre Geldtaschen.

All dies erhöht natürlich den psychischen und sozialen Druck, dem sich Frauen ausgesetzt sehen, wenn sie bei sich die ersten Anzeichen des Klimakteriums bemerken. Gerade Frauen, die ihr Selbstwertgefühl oft stärker von ihrer Attraktivität abhängig machen als Männer, haben Angst, dieses identitätsstiftende Merkmal zu verlieren. Was soll aus uns werden, wenn wir vielleicht nicht mehr ständig fit und energiegeladen, sexy und adrett, beruflich belastbar und zugleich auch noch perfekte Hausfrauen und Mütter sein können?

▶ Jugendwahn und Anti-Aging schaffen einen großen psychischen und sozialen Druck.

Negative Bilder vom Älterwerden und die Verunsicherung über die eigene zukünftige Rolle lassen die Wechseljahre bedrohlich erscheinen. Angst und Verkrampfung können dazu beitragen, dass mögliche Beschwerden heftiger und belastender empfunden werden. Dass dies aber ganz eng mit unserer Gesellschaft zusammenhängt und längst nicht immer und überall so sein muss, führen kulturelle Vergleiche vor Augen.

▶ Der äußere Druck kann dazu führen, dass innerliche Beschwerden stärker und bedrohlicher empfunden werden.

Die Wechseljahre in verschiedenen Kulturen

In Ländern, wo die Vorstellung vom Älterwerden nicht negativ besetzt ist, sondern im Gegenteil das Ende der Fortpflanzungsfähigkeit mit größerer Freiheit und Macht verbunden ist, erleben die Frauen in den Wechseljahren auch weniger körperliche Symptome. In einer ethnologischen Studie über Maya-Frauen aus

► In Ländern, in denen ältere Frauen einen höheren gesellschaftlichen Status genießen, gibt es weniger Wechseljahrebeschwerden.

Mittelamerika und Frauen von der griechische Insel Euboea stellte sich heraus, dass die Maya-Frauen Hitzewallungen und nächtliche Schweißausbrüche überhaupt nicht kennen. Den griechischen Frauen sind diese Symptome zwar durchaus geläufig, doch sind sie für sie noch lange kein Grund, sich in medizinische Behandlung zu begeben. Die Beschwerden gelten als unangenehm, aber nicht Besorgnis erregend. Alle befragten Frauen gaben an, das Ende der Fruchtbarkeit als große Befreiung zu erleben. In beiden Ländern wird das Älterwerden als Aufwärtsstreben im spirituellen Sinne positiv gesehen, ältere Frauen werden geachtet und respektiert.

Ähnliches ergaben Studien über Frauen in Georgien, Äthiopien und Japan. In vielen Völkern genießen Frauen erst nach den Wechseljahren die gleichen Rechte wie Männer. Sie dürfen Aufgaben übernehmen, die vorher den Männern vorbehalten waren, denn mit dem häufig mit vielen Tabus belegten Bereich der Fortpflanzung haben sie nun nichts mehr zu tun. Auf diese Weise gewinnen diese Frauen neue Lebensqualität.

Wie wir die Wechseljahre erleben, ist also nicht nur von biologischen Vorgängen und unserer persönlichen Situation abhängig. Negative Bilder vom Älterwerden und der unsichere Status älterer Frauen in unserer Gesellschaft spielen – neben anderen Faktoren wie Lebensstil und Ernährung – ebenfalls eine Rolle. In vielen Kulturen schätzt man die Lebenserfahrung und Weisheit älterer Frauen. In Asien, Afrika und Südamerika, bei den Ureinwohnern Amerikas und Australiens, ja, auch in den südlichen Ländern Europas gilt die reife, weise Frau als allseits respektiertes Familienoberhaupt. Vielleicht gelingt es, uns davon ein Scheibchen abzuschneiden – Ähnliches einzufordern, weiterzugeben, auszustrahlen?

▶ **In vielen Kulturen schätzt man die Lebenserfahrung und Klugheit älterer Frauen.**

▶ **Frauen können die Vorstellung vom Älterwerden auch mit positiven Inhalten füllen.**

Typische Beschwerden

Bei den Wechseljahren handelt es sich, wie bereits mehrfach betont, um keine Krankheit, sondern um eine natürliche Umstellung des weiblichen Körpers, die sich auch in körperlichen Empfindungen und Beschwerden ausdrücken kann.

Wie stark diese Beschwerden wahrgenommen werden, ist individuell sehr unterschiedlich. Die Palette reicht von »kaum störend« bis »massiv beeinträchtigend«. Auch über die Dauer lassen sich keine Regeln aufstellen: Manche

▶ Stärke und Ausprägung von Wechseljahrebeschwerden sind individuell sehr unterschiedlich.

▶ Nicht immer sind an körperlichen oder psychischen Beschwerden die Wechseljahre schuld.

Frauen haben jahrelang Probleme, bei anderen ist der Spuk nach kurzer Zeit schon wieder vorbei. Außerdem gibt es typische Beschwerden wie die berüchtigten Hitzewallungen, die in der Regel nach den Wechseljahren wieder abklingen, und langfristige Erscheinungen wie eine mögliche Osteoporose, die schleichend verläuft und erst Jahre später zu Schmerzen und Knochenbrüchen führen kann.

Kompliziert wird das Ganze zusätzlich dadurch, dass sich Wechseljahrebeschwerden oft mit alterstypischen Problemen vermischen. Es kann schwierig sein, die beiden auseinander zu halten. Nicht alles, was bei Frauen in der Lebensmitte zwickt und zwackt, geht auf das Konto der Wechseljahre. Diese scheinbar banale Erkenntnis ist wichtig, wenn überlegt wird, ob eine Hormonbehandlung oder eine andere, möglicherweise mit unerwünschten Nebenwirkungen behaftete Therapie in Frage kommt oder nicht. Forschen Sie stets auch nach anderen Ursachen. Es könnte sein, dass Sie sonst hinterher feststellen, dass Sie sich eine eventuell belastende Behandlung auch gut hätten sparen können. Dies gilt für körperliche Beschwerden wie Herz-Kreislauf-Probleme ebenso wie für psychische Symptome, also z. B. Niedergeschlagenheit oder Erschöpfung. Vielleicht steckt hinter der ewigen Schlappheit bloß ein Eisenmangel, und die depressiven Verstimmungen haben einen greifbaren Grund, der sich in einer Psychotherapie viel besser angehen ließe? Lassen Sie auch nicht zu, dass andere Ihre Probleme vorschnell auf die Wechseljahre schieben. Wenn Sie unzufrieden sind, haben Sie ein Recht darauf, dass Ihre Wünsche und Bedürfnisse ernsthaft diskutiert werden. Lassen Sie sich nicht mit Reaktionen abspeisen wie: »Ach, das sind bestimmt bloß wieder deine Hormone.«

Als »übliche Verdächtige« bei den negativen Begleiterscheinungen der Wechseljahre gelten: Hitzewallungen, Schweißausbrüche, Schwindel, Herzklopfen, Reizbarkeit, Unruhe, Erschöpfung, Stimmungsschwankungen, starke Blutungen, vaginale Trockenheit, Schlafstörungen, Konzentrationsprobleme und eine gewisse Gewichtszunahme.

Auf der folgenden Doppelseite finden Sie eine übersichtliche Zusammenstellung typischer Wechseljahrebeschwerden. Was sich gegen diese Beschwerden tun lässt, werden wir in den folgenden Kapiteln ganz ausführlich erklären.

Typische Wechseljahrebeschwerden

▷ *Hitzewallungen und Schweißausbrüche* (»fliegende Hitze«): klassisches Hauptsymptom der Wechseljahre; etwa zwei Drittel aller Frauen sind betroffen, die Hälfte davon hat mit heftigen Hitzeattacken zu kämpfen. Schuld ist das plötzliche Absinken des Östrogenspiegels und das ebenso plötzliche Ansteigen des FSH-Werts. Die stoßweise Hormonausschüttung versetzt das Nervensystem und den Hypothalamus, der außer für die Hormonsteuerung auch für die Wärmeregulation im Körper zuständig ist, in helle Aufruhr. Die Blutgefäße in der Kopf- und Halsregion öffnen sich, das vermehrt einströmende Blut führt zu Wärme, die Haut rötet sich, Schweiß strömt aus den Poren. Hitzewallungen sind ungefährlich, können aber sehr unangenehm sein. Ungünstig wirken: ungesunde Ernährung, Zucker und Süßigkeiten, Kaffee, schwarzer Tee, Alkohol, Zigaretten, stark gewürzte Speisen, heißes Wetter, überheizte Zimmer, synthetische Kleidung, Kummer und psychische Anspannung. Helfen können: Pflanzenheilkunde, Homöopathie, Akupunktur, Entspannungstechniken, offenes Ansprechen der Beschwerden (z. B. am Arbeitsplatz) sowie pflanzliche Ernährung mit vielen Phytohormonen.

▷ *Müdigkeit und Erschöpfung* treten vor allem zu Beginn der Wechseljahre auf. Ähnliches kennen viele Frauen aus der Anfangszeit einer Schwangerschaft: Der Körper rüstet sich für eine große Aufgabe und sammelt Kraft. Deshalb lieber nicht mit aller Macht gegenpowern, sondern dem Ruhe- und Schlafbedürfnis des Körpers im Rahmen der eigenen Möglichkeiten nachgeben und sich Auszeiten gönnen. Helfen können: naturheilkundliche Mittel, körperliche Bewegung, regelmäßige Entspannungsübungen, alle Maßnahmen zur Stressreduktion und eine vollwertige Ernährung.

▷ *Trockenheit von Haut und Schleimhäuten* ist die Folge eines niedrigen Östrogenspiegels. Vor allem die Vaginalschleimhaut wird dünner und trockener, es kann zu Reizungen und kleineren Abschürfungen (»Vaginalatrophie«), häufigeren Pilzinfektionen und Blasenbeschwerden kommen. Ungünstig sind: zuckerreiche Ernährung, enge Kleidung, synthetische Unterwäsche, übertriebene Intimpflege. Helfen können: spezielle Waschemulsionen mit saurem pH-Wert (aus der Apotheke), ein Schuss Obstessig im Waschwasser, Tamponaden mit Joghurt (mit lebenden Joghurtkulturen aus dem Reformhaus oder Naturkostladen), regelmäßiges Einreiben mit Nachtkerzenöl oder Aloe-Vera-Gel (eigentlich eine Gesichtspflege aus dem Reformhaus), reichliches Trinken und als Vorbeugung gegen Blasenentzündungen täglich 100 ml Heidelbeer- oder Preiselbeersaft.

▷ *Gewichtszunahme:* Wie Schwangerschaft und Stillzeit stellen auch die Wechseljahre für den Organismus einen Kraftakt dar. Er legt Reserven an, die er in diesem Fall für einen ganz bestimmten Zweck braucht: Auch wenn die Eierstöcke längst in den Ruhestand getreten sind, ist das Fettgewebe noch in der Lage, Hormone zu produzieren. Ein paar Kilo mehr sind jetzt also ganz natürlich. Sie sind gesundheitsfördernd und helfen, die unangenehmen Begleiterscheinungen absinkender Hormonspiegel abzufangen. Einige Jahre nach der Menopause verflüchtigen sich diese Kilos dann wieder. Gleichzeitig verlangsamt sich allerdings der Stoffwechsel mit zunehmendem Alter. Die Fähigkeit des Körpers, die mit der Nahrung zugeführten Kalorien zu verbrennen, nimmt ab. Um nicht in ungesundem Maße an Gewicht zuzulegen, sollten wir insgesamt weniger Kalorien zu uns nehmen. Damit wir trotzdem gut versorgt sind, brauchen wir mehr Sattmacher und Vitalstoffe »auf engem Raum«. Beste Voraussetzungen dafür bietet eine langfristige Ernährungsumstellung in Richtung vegetarische Vollwertkost.

▷ *Stimmungsschwankungen:* Dass hormonelle Schwankungen auf die Stimmung schlagen, kennen wir z. B. von den Tagen vor der Menstruation oder nach einer Geburt. Halten die Stimmungstiefs länger als einige Tage an, sollten die Ursachen erforscht und aktiv angegangen werden. Holen Sie sich freundschaftlichen Rat und bei Bedarf auch psychotherapeutische Hilfe. Frauen sorgen oft liebe- und aufopferungsvoll für andere, aber nicht genug für sich selbst. Bedenken Sie sich selbst mit Fürsorge und Lob. Gönnen Sie sich etwas Schönes: Kosmetik, Wellness, Entspannung, Sport, Spaziergänge an der Sonne, Unternehmungen mit Freundinnen – oder ein gutes Essen (siehe Rezeptteil)!

Hormonbehandlung und sinnvolle Alternativen

► Die »Hormonersatztherapie« wurde jahrzehntelang als Allheilmittel angepriesen.

Bei der Beschäftigung mit den Wechseljahren kommen wir um die Frage »Hormone – ja oder nein?« nicht herum. Das Thema Hormone war in der Diskussion über die Wechseljahre in den letzten Jahrzehnten nun einmal allgegenwärtig. Millionen von Frauen haben die als Allheilmittel angepriesenen Hormonpräparate geschluckt und sind von den sich häufenden Meldungen über deren Risiken aufgeschreckt. Und weil vielerorts nicht nur Aufklärung und Information, sondern auch viel Vernebelungstaktik betrieben wird, ist die Verunsicherung groß.

Jahrzehntelang propagierte man die »Hormonersatztherapie«, ohne sich durch größere wissenschaftliche Studien über ihre Wirkungsweise, Grenzen und möglichen Gefahren abgesichert zu haben. Man stützte sich allein auf theoretische Überlegungen und auf Beobachtungs-Studien – und das, obwohl Hormonpräparate hochwirksame Arzneimittel sind. Dass es so weit kam, lag sicherlich auch an massiven wirtschaftlichen Interessen. Mit Hormonpräparaten wurden enorme Umsätze gemacht. Vier bis fünf Millionen Frauen in Deutschland in und nach den Wechseljahren nahmen Hormone in Form von Pillen, Zäpfchen oder Gels.

Besonders lukrativ ist so etwas natürlich immer dann, wenn möglichst alle Frauen die Präparate nehmen, also auch die gesunden Frauen, die überhaupt keine Beschwerden haben. Überhaupt scheint es in Mode zu kommen, erst ein Medikament und dann die dazu passende Krankheit zu erfinden (so z. B. geschehen beim

► Ohne sich mit Langzeitstudien abgesichert zu haben, wurden Hormonpräparate im großen Maßstab verschrieben.

so genannten »Sissi-Syndrom«). Gesunde sind für die Pharmakonzerne nun einmal die größte und lukrativste Zielgruppe – frei nach dem Motto: »Jeder Gesunde ist ein Kranker, der es noch nicht weiß.«

Genauso war es mit der Hormonbehandlung in den Wechseljahren: Nicht nur Frauen mit tatsächlichen Beschwerden, sondern auch gesunde Frauen wurden zu behandlungsbedürftigen Patientinnen erklärt. Um die Frauen vermeintlich vor Erkrankungen nach der Menopause wie Osteoporose und Herz-Kreislauf-Erkrankungen zu schützen, wurden Hormonpräparate immer mehr auch prophylaktisch verschrieben. Auch gegen Alzheimer, Dickdarmkrebs und nachlassende Libido sollten Hormonpräparate vorbeugend wirken. Selbst kosmetische Effekte (weniger Falten) wurden zum Verschreibungsgrund.

Seit 1995 lieferten internationale Untersuchungen jedoch immer klarere Hinweise darauf, dass man die unerwünschten Nebenwirkungen der Hormonbehandlung unterschätzt hatte. Eine breit angelegte internationale Studie brachte dann die komplette Ernüchterung.

▶ Nicht nur Frauen mit Beschwerden, sondern auch ganz gesunde Frauen nahmen die Medikamente – zur »Vorbeugung«.

▶ Seit Mitte der 90er-Jahre mehrten sich die Anzeichen auf erhebliche Risiken der Hormonbehandlung.

Die WHI-Studie

1996 startete die inzwischen berühmte Studie der amerikanischen *Women's Health Initiative* (WHI) mit dem erklärten Ziel, die vielen Unsicherheiten und Widersprüche in der Diskussion um die Einnahme von Hormonpräparaten auszuräumen. Ursprünglich hofften die Wissenschaftler, mit Hilfe der Studie zeigen zu können, dass die Hormonbehandlung das Risiko von Herz-Kreislauf-Erkrankungen vermindern

▶ Eine US-Langzeit-studie musste wegen der hohen Risiken abgebrochen werden.

kann. Über 16.000 Frauen erklärten sich bereit, an der Studie teilzunehmen. 8.506 gesunde Frauen zwischen 50 und 79 Jahren nahmen täglich eine Kombination aus Östrogen und Gestagen, 8.102 Frauen ein Placebo. Ein Zwischenbericht im Jahre 2002 führte dazu, dass die Studie abgebrochen werden musste: Das Risiko für jene Teilnehmerinnen, die das Hormonpräparat nahmen, war so hoch, dass es unverantwortlich gewesen wäre, die Studie weiter laufen zu lassen. Man zog die Notbremse und forderte die Frauen auf, die Medikamente abzusetzen.

Die im Zwischenbericht veröffentlichten Ergebnisse waren erschreckend: Die Zahl der Thromboembolien hatte sich verdoppelt und das Risiko für Schlaganfälle, Herzinfarkte und Brustkrebs war signifikant gestiegen. Nur das Darmkrebsrisiko war gesunken und es hatte weniger Knochenbrüche gegeben.

▶ Die amerikanischen Verschreibungsemp-fehlungen wurden sofort eingeschränkt.

Was viele schon lange geahnt hatten, galt jetzt als erwiesen: Der mögliche Schaden durch die Hormonbehandlung ist offenbar größer als ihr Nutzen.

Der Abbruch der Studie sorgte weltweit für Aufruhr. Die US-amerikanische *Food and Drug Administration* (FDA) zog sofort die Konsequenz und schränkte ihre Verschreibungsempfehlungen ein. Auch in Deutschland war nun ein verstärktes Risikobewusstsein angesagt.

Internationale Kehrtwende

Zwar hieß es anfangs, die amerikanischen Ergebnisse seien auf deutsche Medikamente nicht übertragbar. Das für die Zulassung von Arzneimitteln zuständige Bundesinstitut für Arzneimittel und Medizinprodukte (BfArM) erklärte dazu jedoch bereits im Juli 2002: »Die Annahme, dass die in der WHI-Studie mit Östrogen und dem Gestagen MPA erhobenen Befunde auch auf andere Östrogen-Gestagen-Behandlungsregime übertragbar sind, liegt nahe.« Im August 2003 erschienen dann die Ergebnisse einer britischen Untersuchung mit mehr als einer Million Frauen *(One Million Women Study)*, der weltweit bisher größten Studie zum Thema Hormonbehandlung in den Wechseljahren. Wieder war das erhöhte Krebsrisiko nicht zu übersehen. Die beteiligten Forscherinnen und Forscher errechneten, dass in Großbritannien in den davor liegenden zehn Jahren »20.000 zusätzliche Brusttumore« durch die Hormonbehandlung entstanden seien. Und: Bei der britischen Studie waren Medikamente im Spiel, wie sie jahrzehntelang auch in Deutschland verschrieben worden waren.

► **Die erschreckenden Ergebnisse erwiesen sich als übertragbar. Europäische Medikamente bergen das gleiche Risiko.**

Die Deutsche Gesellschaft für Gynäkologie und Geburtshilfe (DGGG) erklärte in Reaktion auf die britischen Ergebnisse dann auch prompt, »dass die Hormontherapie in den Wechseljahren nur dann eingesetzt werden dürfe, wenn die Lebensqualität der Frau erheblich eingeschränkt sei«. In ihren Therapieempfehlungen rät die Arzneimittelkommission der deutschen Ärzteschaft von der prophylaktischen Hormongabe gegen Osteoporose ab. Und die Deutsche Krebshilfe empfiehlt in jedem Falle eine »individuelle Nutzen-Risiko-Abwägung« sowie eine nur kurzfristige Einnahme bei ausgeprägten Wechseljahrebeschwerden.

► **Empfohlen wird die Verschreibung nur noch bei »erheblich eingeschränkter Lebensqualität«.**

Auch das Bundesinstitut für Arzneimittel und Medizinprodukte warnt vor einer langfristigen Einnahme von Hormonpräparaten und ordnete zum 1. November 2003 eine Ver-

► Wenn eine Hormonbehandlung erfolgt, dann nur noch so kurz und niedrig dosiert wie nötig.

► Zur Vorbeugung gegen Osteoporose und andere Erkrankungen sollten keine Hormone genommen werden.

änderung der Beipackzettel an. Die Hersteller von Hormonpräparaten sind verpflichtet, klarer auf das Risiko von Brustkrebs, Herzinfarkten, Schlaganfällen, Thrombosen und Eierstockkrebs hinzuweisen. Von dieser Anordnung sind derzeit fast 250 Präparate betroffen. Eine Behandlung empfiehlt das BfArM nur bei ausgeprägten Beschwerden, so kurz und so niedrig dosiert wie möglich – und »nur nach ausführlicher Aufklärung der Patientin über die bereits im ersten Anwendungsjahr zu erwartenden schwerwiegenden Risiken«.

Im September 2003 bekräftigte die Arzneimittelkommission der Deutschen Ärzteschaft die Aussagen des BfArM und ließ in ihrer Erklärung durchblicken, dass bei der Propagierung der Hormonbehandlung auch wirtschaftliche Interessen im Spiel gewesen seien.

Im Dezember 2003 schließlich wurde von der Europäischen Arzneimittelagentur eine weitere Veränderung der Beipackzettel durchgesetzt, die die Anwendung zur Behandlung und Vorbeugung von Osteoporose wegen des hohen Krebs-, Schlaganfall- und Herzinfarktrisikos weitgehend einschränkt.

Kein präventiver Einsatz von Hormonen und Behandlung nur kurzfristig in wirklich schweren Fällen akuter Wechseljahrebeschwerden – so heißt seitdem die Devise diverser Fachgesellschaften, des deutschen Bundesministeriums für Gesundheit und Soziales sowie aller maßgeblichen internationalen Expertengremien. Aktueller denn je ist daher für viele Frauen die Suche nach sinnvollen Alternativen.

Rückgriff auf bewährte Alternativen: Das Stufenleitermodell

Zum Glück besteht die Auswahl nicht zwischen Hormonbehandlung oder gar nichts tun. Im Gegenteil, es bietet sich uns eine Vielzahl sinnvoll abgestufter Vorgehensweisen.

▶ **Die Wahl besteht nicht zwischen Hormonen oder gar nichts tun.**

Erinnern wir uns: »Klimakterium« heißt wörtlich »Stufenleiter«. Das Modell einer solchen Leiter kann uns im Umgang mit Wechseljahrebeschwerden äußerst nützlich sein, gibt es uns doch die Möglichkeit, flexibel auf mögliche Probleme zu reagieren und dabei auf bewährte Methoden der Vorbeugung und Behandlung zurückzugreifen.

Indem wir zunächst einmal grundsätzlich unseren Lebensstil ganz bewusst aktiv und positiv ausrichten, steigen wir auf Stufe 1.

Wenn alles gut geht, sind wir damit gegen alle Wechselfälle der gleichnamigen Jahre bestens gewappnet. Erst wenn wir merken, dass wir damit nicht auskommen, klettern wir auf Stufe 2.

▶ **Das Stufenleitermodell hilft, flexibel auf Beschwerden zu reagieren.**

Und nur in dem Fall, dass wir uns in unserer Lebensqualität so beeinträchtigt fühlen, dass weiterer Hilfsbedarf besteht, erklimmen wir Stufe 3 – immer in dem Wissen, dass wir auf dem Rückweg nicht ins Bodenlose fallen, sondern noch zwei andere Stufen unter uns haben, die uns zusätzlich stützen und auf die wir uns jederzeit wieder zurückziehen können.

Stufe 3: Für Frauen mit
heftigen Beschwerden

Stufe 2: Für Frauen mit mäßigen
bis mittelstarken Beschwerden

Stufe 1: Für alle Frauen und Frauen
mit leichten Beschwerden

Stufe 1:
spezielle Wechseljahre-Ernährung (siehe nächstes Kapitel), aktiver Lebensstil, Sport, Entspannung, Autogenes Training, Yoga, Wellness, positive Affirmationen, Kräutertees usw.

Stufe 2:
zusätzlich Pflanzenheilkunde, Homöopathie, Akupunktur, individuelle Beratung, Selbsthilfekurse usw.

Stufe 3:
zusätzlich vorübergehend Hormonpräparate und andere Medikamente nach ärztlicher Beratung. In jedem Fall sind regelmäßige medizinische Vorsorgeuntersuchungen empfehlenswert.

Auf Stufe 1 können wir im wahrsten Sinne des Wortes »abwarten und Tee trinken«. Wir versuchen, Gelassenheit zu gewinnen und möglichst gut für uns zu sorgen. Dazu gehören eine speziell auf die Bedürfnisse in den Wechseljahren abgestimmte gesunde Ernährung (siehe nächstes Kapitel), ein aktiver Lebensstil, sportliche Bewegung, gezielte Entspannung mit Techniken wie der progressiven Muskelentspannung, dem autogenen Training, Yoga und/oder Meditation, positive Einstimmung, genussvolle Verwöhnung und heilsame Kräutertees.

► **Zu Stufe 1 gehört in erster Linie eine speziell auf die Erfordernisse der Wechseljahre abgestimmte Ernährung.**

Falls notwendig, holen wir uns auf Stufe 2 »sanfte Hilfe« bei Fachleuten, die mit bewährten Methoden bei der Behandlung von Wechseljahrebeschwerden Erfahrung gesammelt haben. Zu diesen Methoden zählen u. a. Akupunktur, Homöopathie und Pflanzenheilkunde, aber auch Selbsthilfekurse und individuelle Wechseljahreberatung.

Erst wenn wir das Gefühl haben, dass dies nicht mehr ausreicht und die starken Beschwerden zu belastend sind, fassen wir auf Stufe 3 die Einnahme von Hormonpräparaten und/oder anderer medizinischer Arzneimittel ins Auge. Über das Für und Wider der Hormonbehandlung haben wir im vorigen Kapitel bereits ausführlich berichtet. Auch bei anderen Medikamenten ist Vorsicht geboten. Selbstverständlich kann es Situationen geben, in denen es sinnvoll ist, vorübergehend einmal Schlafmittel, Beruhigungsmittel oder Antidepressiva einzunehmen. Immer wieder berichten jedoch Frauen, diese Medikamente seien ihnen viel zu schnell und ohne jeden Hinweis auf mögliche Gefahren verschrieben worden. Schlaf- und Beruhigungsmittel können süchtig machen, man gerät rasch in

► **Auf Stufe 2 und 3 ist die Beratung durch kompetente Fachleute wichtig. Vorsicht bei Selbstmedikation!**

▶ **Für Frauen mit starken Beschwerden können gezielt eingesetzte Medikamente vorübergehend eine echte Hilfe sein.**

einen Teufelskreis. Lassen Sie sich auf jeden Fall von kompetenten Fachleuten beraten und nehmen Sie solche Arzneimittel nie ohne genaue Ursachenforschung oder über längere Zeiträume ein. Unter dieser Voraussetzung kann Stufe 3 für Frauen, die unter starken Wechseljahrebeschwerden leiden, eine echte Hilfe sein.

Unabhängig von dem Stufenmodell sind medizinische Vorsorgeuntersuchungen wie der zweijährliche Check-up, die jährliche gynäkologische Untersuchung mit Krebsabstrich und Brustuntersuchung (zusätzlich eventuell Mammographie) und ab dem 55. Lebensjahr alle zehn Jahre eine Darmspiegelung empfehlenswert.

Zum Beispiel Hitzewallungen

Am Beispiel Hitzewallungen bedeutet dies:

▶ **Am Beispiel Hitzewallungen lässt sich das Stufenleitermodell gut nachvollziehen.**

▶ Auf *Stufe 1* erst einmal eine Umstellung auf eine vollwertige Ernährung mit möglichst viel Sojaprodukten, Leinsamen und Hülsenfrüchten. Meiden von allem, was Hitzewallungen begünstigen kann, z. B. scharfe Gewürze, Salz, Alkohol, Süßigkeiten, Koffein und Nikotin. Kaltes Wasser über die Handgelenke laufen lassen, Kleidung und Bettwäsche nur noch aus Naturfasern wählen, Schlafzimmer kühl halten, eine dünne Bettdecke aus Wildseide verwenden, nachts frisches Nachthemd und eine zweite Bettdecke zum Wechseln in petto halten, nach dem Zwiebelprinzip kleiden, damit Sie bequem eine Lage ausziehen oder wieder anziehen können. Wechselduschen, Wechselfußbäder. Salbeitee trinken. Mit Salbeiaufguss waschen. Stress reduzieren, regelmäßig entspannen, autogenes Training lernen oder bei einem Yoga-Kurs anmelden. Regelmäßig Sport treiben, sich einem Walking-Treff anschließen oder selbst einen ins Leben rufen. Einen schönen Fächer kaufen und sich bei Bedarf Luft zufächeln. Sich nicht für die Hitzewallungen schämen, in Gesellschaft anderer das Fenster öffnen und ganz ruhig erklären: »Entschuldigen Sie bitte, ich habe eine Hitzewallung, das ist gleich wieder vorbei.«

► Eine gezielte Ernährungsumstellung kann bei Hitzewallungen oft Erleichterung bringen.

► Auf *Stufe 2* bringen Akupunktur und/oder Homöopathie Linderung. Auch eine individuelle Wechseljahreberatung und eine Vertiefung gezielter Entspannungsmethoden wie autogenes Training oder Yoga haben sich als sehr hilfreich erwiesen. Als bewährte pflanzliche Mittel kommen z. B. Zubereitungen aus Salbei *(Salvia officinalis)*, Mönchspfeffer *(Agnus castus)* und Traubensilberkerze *(Cimicifuga racemosa)* in Frage. Alle diese Heilpflanzen haben eine lange Anwendungstradition, es gibt vielfache positive Erfahrungen. Außerdem gibt es seit einigen Jahren Kapseln mit pflanzlichen Hormonen z. B. aus Sojaextrakten, deren Auswirkungen bei langfristiger, regelmäßiger Einnahme allerdings noch nicht erforscht sind. In jedem Fall sollten Sie sich bei allen Anwendungen der Stufe 2 ärztlich oder von einer Heilpraktikerin bzw. einem Heilpraktiker beraten lassen und Produkte dort kaufen, wo kompetente Beratung gewährleistet ist, also z. B. nicht bei fragwürdigen Briefkastenfirmen.

► Die Naturheilkunde kennt altbewährte Mittel gegen die »fliegende Hitze«.

► Auf *Stufe 3* schließlich stehen Hormonpräparate zur Verfügung, die gegen Hitze-

41

► Auch bei Schlaf-
störungen braucht
man nicht gleich zu
Medikamenten zu
greifen.

wallungen in der Regel zuverlässig wirken,
deren Einnahme aber – wie im vorigen
Kapitel beschrieben – mit gewissen Risiken
verbunden ist und nur nach Absprache mit
der Ärztin oder dem Arzt Ihres Vertrauens
eingenommen werden sollten.

Zum Beispiel Schlafstörungen

Ein ähnlich gestaffeltes Vorgehen bietet die Stufenleiter zum Thema Schlafstörungen an:

► Auf *Stufe 1* können Sie für eine gesunde,
den Körper nicht zusätzlich belastende
Ernährung sorgen und alles Aufputschen-
de wie Kaffee, Cola oder schwarzen Tee
(auch Eistee!) weglassen. Mit einem aktiven Lebensstil können Sie durch Sport und
reichlich Bewegung an der frischen Luft für
die nötige Bettschwere sorgen. Sie können

► Stressreduktion
und Entspannungs-
techniken wirken nicht
nur in den Wechsel-
jahren segensreich.

abends noch einen Spaziergang machen,
Ihren Schlafplatz besonders liebevoll ge-
stalten und sich ein schönes Einschlafritual
ausdenken. Dazu kann ein Entspannungs-
bad ebenso gehören wie eine entspannende
Bettlektüre und ein beruhigender Schlum-
mertrunk (siehe Rezeptteil). Stressreduktion und Entspannungstechniken wie autogenes Training, Yoga und progressive
Muskelentspannung fördern den Schlaf.
Ein Kissen mit Hopfenblüten, ein Tee aus
Baldrian, Hopfen, Melisse und Passionsblu-
me, eine Duftlampe mit Lavendelöl wirken
beruhigend. Auf einem Notizblock auf dem
Nachttisch können Gedanken festgehalten
werden, die dann nicht mehr im Kopf her-
umkreisen müssen.

▶ Auf *Stufe 2* sind Akupunktur und Homöopathie hilfreich. Aus der Pflanzenheilkunde
können Zubereitungen aus Saathafer *(Ave-
na sativa)*, Hopfen *(Humulus lupulus)*, Pas-
sionsblume *(Passiflora incarnata)* oder Baldrian *(Valeriana officinalis)* zur Anwendung
kommen. Lassen Sie sich von kompetenter
Seite behandeln, damit die Schlafstörungen
je nach Ursache gezielt angegangen werden können – umso größer sind die Hei-
lungschancen.

▶ Sollte *Stufe 3* notwendig werden, lassen Sie
sich zunächst über rezeptfreie Schlafmittel
beraten. Rezeptpflichtige Schlafmittel bergen die Gefahr der Abhängigkeit und sollten deshalb nur in Ausnahmesituationen
und auch nur über kurze Zeiträume eingenommen werden.

Bewährte Hilfen auf Stufe 1: Yoga und Kräutertees

▷ **Yoga** bietet eine einzigartige Mischung aus Entspannung und Kraftentfaltung. In seinem Herkunftsland Indien blickt es auf eine mehrere Tausend Jahre alte Tradition zurück. Durch seine körperliche und zugleich spirituelle Ausrichtung umfasst es alle Bereiche des Lebens. Körper, Seele und Geist sind im Yoga untrennbar miteinander verbunden, sollen im Einklang mit sich und der Umwelt sein. Im Yoga gibt es eine Vielzahl verschiedener Schulen mit unterschiedlichen Schwerpunkten. Im Westen ist das *Hatha-Yoga* mit seinen festgelegten Körperübungen *(Asanas)* und Atemtechniken *(Pranayamas)* am weitesten verbreitet. Hinzu kommen Rezitationen (von Silben, Worten oder Textpassagen, so genannten *Mantras*), Meditationen und Rituale. Die gesundheitliche Wirkung des Yogas ist immer eine ganzheitliche. In diesem Sinne kann es vorbeugend, kräftigend und heilend wirken. Regelmäßige Yoga-Übungen stärken Organe, Muskeln, Knochen, Sehnen, Atmung und Nervensystem, verbessern die Vitalität und die gesamte Lebensqualität. Sie wirken ausgleichend auf den Hormonhaushalt und aktivieren die Selbstheilungskräfte.

Eine speziell für Frauen in den Wechseljahren entwickelte, dynamische Yogaform ist das so genannte *Hormon-Yoga,* das mit inneren Massagen und gezielt gelenkter Lebensenergie Hormondrüsen aktivieren soll. Tatsächlich haben sich nach regelmäßigem Üben höhere Hormonwerte und eine Linderung von Wechseljahrebeschwerden nachweisen lassen.

Eine andere Yogaform, die sich vor allem an Frauen richtet, ist das von Adelheid Ohlig entwickelte *Luna Yoga®*. Es enthält besonders viele tänzerische Elemente und stellt die Zyklen in der Natur und im weiblichen Organismus in den Mittelpunkt. Der Mond (»Luna«) gilt dabei als Symbol für stetige Veränderung; zugleich steht er im indischen Chakrasystem für die Kraft der Sexualorgane.

Kompetenz und Persönlichkeit des Lehrenden spielen beim Yoga eine große Rolle. Nehmen Sie sich deshalb bei der Suche ruhig Zeit. Adressen qualifizierter Fachkräfte in Ihrer Nähe bekommen Sie von den Berufsverbänden der Yogalehrenden (siehe Adressenteil).

▷ **Kräutertees** können uns in Phasen des Übergangs und bei vielen Missempfindungen und Beschwerden sanft helfen und unterstützen. Ein wenig Geduld ist allerdings notwendig, denn die wohltuende Wirkung tritt oft erst nach regelmäßiger Anwendung über mehrere Wochen ein. Tipps für die Zubereitung eines den Körper zugleich stärkenden und entspannenden Wechseljahre-Tees finden Sie im Rezeptteil. Gegen Hitzewallungen und Schweißausbrüche wirkt ein zu gleichen Teilen aus Walnussblättern, Salbei und Hopfen zubereiteter Tee (jeweils 1 Esslöffel auf 1 Liter Wasser, 7 Minuten ziehen lassen, mit Honig süßen, täglich 1 – 2 Tassen trinken). Gegen Nachtschweiß hilft abends vor dem Schlafengehen eine Tasse Salbeitee. Die im Alter sich verlangsamende Funktion von Galle und Leber unterstützen die Bitterstoffe aus Löwenzahn, Beifuss, Tausendgüldenkraut, Wegwarte und Ingwer (einzeln oder in wechselnden Mischungen, leichte Dosierung beachten, nicht mehr als ½ – 1 TL, bitte nicht süßen!). Eine Mischung aus je zwei Teilen Frauenmantel und Gänsefingerkraut sowie einem Teil Schafgarbe löst Verspannungen und Blockaden bei Unterleibskrämpfen. Das weicher werdende Gewebe der Gebärmutter kräftigt die wohlschmeckende Himbeere, die unsere Knochen außerdem mit reichlich Kalzium versorgt. Bereiten Sie sich einen Teeaufguss aus den Blättern und trinken Sie über mehrere Wochen täglich zweimal eine Tasse. Zum Durchspülen einer gereizten Blase eignet sich ein Tee aus Birke, Schachtelhalm und Brennnessel (je 1 TL mit heißem Wasser übergießen, 5 – 7 Minuten ziehen lassen). Heilpflanzen, die der Seele wohl tun, sind Frauenmantel (reguliert die Hormone), Melisse (wirkt beruhigend), Johanniskraut (wirkt entspannend und stimmungsaufhellend) und Weißdorn (wirkt herzstärkend). Probieren Sie selbst, was Ihnen bekommt, und machen Sie die Zubereitung und den Genuss heilsamer Kräutertees zu einem täglichen, entspannenden Ritual.

Bewährte Hilfen auf Stufe 2: Homöopathie und Akupunktur

▷ In der **Homöopathie** gibt etwa 2000 Heilmittel. Die Kunst des homöopathisch behandelnden Menschen liegt darin, das passende Mittel zu finden. Er muss deshalb genau ergründen, seit wann die Symptome bestehen, welche Reize und Tageszeiten sie verbessern oder verschlechtern usw. Die richtige Arznei setzt dann einen Reiz, der dem Organismus hilft, sein Gleichgewicht wieder zu finden. Dabei handelt es sich um Erfahrungswissen; nichtspezifische Wirkungen sind möglich.

Hier einige Beispiele für homöopathische Mittel gegen Wechseljahrebeschwerden:

- *Calcium carbonicum:* Hitzewallungen mit Kopfschweiß, Stimmungsschwankungen, schnelles Gefühl der Überforderung, obwohl im Allgemeinen ein »Arbeitstier«, Schlafstörungen durch zu viele Gedanken, brüchige Knochen, Knochenschmerz. Für die »Calciumcarbonicum-Frau« steht die Familie im Vordergrund.
- *Cimicifuga:* Hitzewallungen mit Schweißausbrüchen, Stimmungsschwankungen, Schlafstörungen. Die »Cimicifuga-Frau« fühlt sich häufig gefangen in ihrer Lebenssituation.
- *Lachesis:* Hitzewallungen, oft ohne Schweiß, Schlafstörungen, häufig nach üppigem Essen, Knochenschmerz. Die »Lachesis-Frau« fühlt oft einen großen inneren Druck und ist sehr gesprächig.
- *Sepia:* Hitzewallungen mit Schweiß unter den Armen, Stimmungsschwankungen mit großem Leidensdruck, Schlafstörungen durch Hitzewallungen, trockene Vaginalschleimhaut. Die »Sepia-Frau« liebt ihre Unabhängigkeit und braucht viel Bewegung.

Um von der heilenden Wirkung der Homöopathie optimal profitieren zu können, lassen Sie sich von einer erfahrenen Homöopathin oder einem erfahrenen Homöopathen beraten (siehe Adressenteil). Für Laien ist die Auswahl des passenden Mittels schwer, Selbstmedikation ist auch in der Homöopathie bisweilen riskant.

▷ *Akupunktur:* Die traditionelle chinesische Medizin betrachtet den Menschen in seiner Gesamtheit als ein in seine Natur und sein Umfeld eingebundenes Gefüge energetischer Prozesse. Ziel jeder Behandlung ist es, die beiden Energiepole *Yin* und *Yang* wieder in Einklang zu bringen. Fünf Wandlungsphasen und die ihnen zugeordneten Grundelemente beschreiben zyklische Lebensabschnitte. Die Wechseljahre sind dem Element Metall zugeordnet und werden mit dem Herbst – dem Zurückziehen der Kräfte und der Konzentration auf essenzielle Aspekte des Lebens – assoziiert. Bei der Akupunktur werden gestörte Energieflüsse durch das Setzen von Akupunkturnadeln an bestimmten Punkten entlang energieführenden Leitbahnen (*»Meridiane«*) angeregt. Blockaden werden beseitigt, Energieströme harmonisiert. Auch wenn es sich dabei um wissenschaftlich (noch) nicht abgesichertes Erfahrungswissen handelt, kann ein Versuch mit Akupunktur-Behandlungen bei allen Arten von Beschwerden in den Wechseljahren lohnenswert sein. Durchführen können sie entsprechend ausgebildete ÄrztInnen und HeilpraktikerInnen (siehe Adressenteil).

Aktiver Lebensstil

»Lifestyle Change« heißt in der ganzheitlichen Medizin seit einiger Zeit das neue Zauberwort. Dahinter steht die Erkenntnis, dass Veränderungen im Lebensstil oft effektiver und nachhaltiger wirken als Pillen und aufwändige medizinische Behandlungsmethoden. Zwei weitere Vorteile liegen auf der Hand: Sie sind preiswerter und außerdem weitgehend nebenwirkungsfrei.

Ein grundlegender und äußerst wirksamer »Lifestyle Change« ist die Umstellung der Ernährung – im nächsten Kapitel wollen wir ausführlich darauf eingehen. Auch das Able-

▶ Veränderungen im Lebensstil sind langfristig oft wirksamer als Tabletten.

► Ein aktiver Lebensstil bedeutet: raus aus dem Fernsehsessel und mehr bewegen.

gen gesundheitsschädlicher Angewohnheiten – z. B. rauchen, zu viel Alkohol trinken – gehört zu den Veränderungen, die ein echtes Plus für die Gesundheit bringen. Ein weiterer, überaus wichtiger Schritt führt aus Couch und Fernsehsessel heraus in Richtung mehr Bewegung.

Allerdings bringt es nicht viel, sich zweimal in der Woche im Fitness-Studio Höchstleistungen abzuverlangen, den Rest der Woche aber nur zwischen Bürostuhl und Sofa zu pendeln. Versuchen Sie vielmehr, falls nicht schon geschehen, einen grundsätzlich aktiven Lebensstil anzunehmen. Dazu gehört, so oft wie möglich in Bewegung zu sein und kürzere Wege zu Fuß oder mit dem Rad zurückzulegen. »Mein Auto steht, so oft es geht«, ist eine gute Devise. Ist Ihr Zeitplan eng bemessen, versuchen Sie, hier und da ein wenig Bewegung einzubauen. Nehmen Sie statt des Aufzugs lieber die Treppe, parken Sie am hinteren Ende des Parkplatzes, steigen Sie schon eine Station eher aus dem Bus oder der Straßenbahn und laufen Sie den Rest der Strecke zu Fuß. Machen Sie in der Mittagspause, nach Feierabend oder vor dem Schlafengehen einen Spaziergang und suchen Sie sich zusätzlich eine Sportart aus, die Ihnen liegt und Freude macht.

► Suchen Sie sich eine Sportart, die Ihnen liegt und Freude macht.

Manche gehen gern ins Fitness-Center oder trainieren zu Hause an Sportgeräten. Andere joggen, walken, schwimmen lieber oder powern sich bei ausgiebigen Radtouren aus. Sportarten wie diese geben Ihnen die Möglichkeit, Ihren eigenen Körper und seine Beweglichkeit neu zu entdecken. Sie stärken das Selbstvertrauen in die Fähigkeiten des Körpers. In jedem Fall geht es nicht um Hochleistungssport, sondern um ein Training innerhalb vernünftiger Belastungsgrenzen. Die Anstrengung sollte jeweils so groß sein, dass Sie sich gerade noch ohne große Mühe unterhalten können.

Eine ideale Sportart für Frauen in den Wechseljahren ist das Walking. Sie können gemeinsam mit Ihren Freundinnen walken, dabei gleich Ihr soziales Netzwerk pflegen und Geselligkeit genießen. Außerdem lässt sich die innere Schweinehündin gemeinsam leichter überwinden. Beim Walken an der frischen Luft können Sie die Natur im Wechsel der Jahreszeiten erleben. Wenn Sie regelmäßig bei jedem Wetter zu einer festen Zeit losziehen, spüren Sie bald einen Abhärtungseffekt gegenüber Erkältungskrankheiten. Außerdem sind beim Walking 80 Prozent aller Körpermuskeln aktiv, die Atmung wird schneller, mehr Sauerstoff kommt in den Körper, der Puls steigt und das Herz pumpt mehr Blut in die Gefäße. Durch den Druck der Muskeln auf die Knochen wird der Zellaufbau angeregt, die Knochen werden stabiler. Herz und Kreislauf werden angeregt, das Infarktrisiko wird dadurch erheblich gemindert. Das Gehirn schüttet »Glückshormone« *(Endorphine)* aus, Sie fühlen sich wohler und sind anschließend angenehm müde. Hitzewallungen, Unruhe und Schlafstörungen werden positiv beeinflusst.

Zwei- bis dreimal 30 bis 60 Minuten pro Woche Sport sollten es schon sein. Mag sein, dass es Überwindung kostet, aber danach fühlen Sie sich fit und haben neue Kraft. Ob allein oder im Fitness-Center, im Sportverein oder beim privaten Lauftreff – regelmäßige Bewegung ist eine äußerst wirksame Methode im Kampf gegen Wechseljahrebeschwerden. Bewegung ist eine große Kraftquelle. Bewegung ist Leben!

▶ **Walking ist ideal und macht in der Gruppe besonders viel Spaß.**

▶ **Sport stärkt Knochen, Herz und Seele.**

Individuelle Beratung, Kurse und Selbsthilfegruppen

▶ **Speziell ausgebildete Wechseljahreberaterinnen bieten vertrauliche Gespräche an.**

Manchmal kann es hilfreich sein, sich von einer Person, die sich mit den Problemen rund um die Wechseljahre sehr gut auskennt, individuell beraten zu lassen. In einer solchen Beratung haben neben allen allgemeinen Themen auch ganz persönliche Dinge wie sexuelle Fragen und Probleme ihren geschützten Raum. Seit einigen Jahren gibt es speziell dafür ausgebildete Wechseljahreberaterinnen, mit denen Sie ein telefonisches oder persönliches, in jedem Fall aber vertrauliches Gespräch vereinbaren können oder bei der Sie einen Kurs besuchen können (Adressen im Anhang).

▶ **Gesundheitspädagoginnen führen Kurse durch und beraten individuell.**

Ein weiteres, ebenso neues wie interessantes Berufsbild ist das der Gesundheitspädagogin. Vorrangiges Ziel ist die gesundheitliche Vorbeugung durch Verhaltensänderungen. Mit anderen Worten: Gesundheitspädagoginnen zeigen anderen Menschen, wie sie gesund bleiben können. Nach der zweijährigen Ausbildung machen sich viele Gesundheitspädagoginnen selbstständig, bieten Kurse und Beratungen an. Die Wechseljahre sind dabei ein wichtiges Thema. Zum Beispiel gibt es Kursprogramme, die durch geeignete Übungen die Selbstheilungskräfte der Betroffenen anregen sollen. Bewegung, Ernährung, Entspannung, die Pflege sozialer Beziehungen und das Erobern von Orten der Ruhe gehören zu den behandelten Themen. Zusätzlich erlernen die Teilnehmerinnen im Laufe dieser Kurses auch wirksame Enspannungstechniken (Adressen im Anhang).

Solche Kurse sind natürlich auch ein willkommener Anlass für den Austausch mit anderen Betroffenen. Es tut einfach gut, sich einmal in vertrauensvoller Atmosphäre über die eigenen Probleme auszusprechen und zu merken, dass es andere gibt, die mit ganz ähnlichen Schwierigkeiten zu kämpfen haben.

Das gilt erst recht für angeleitete Selbsthilfegruppen zum Thema Wechseljahre, die von Frauengesundheitszentren durchgeführt werden. Erfahrungsaustausch, fachlich fundierte Informationen, gegenseitige Unterstützung – solche Gruppen bieten reichlich Raum zum Auftanken. Wo sich das nächste Zentrum in Ihrer Nähe befindet, erfahren Sie beim Dachverband der Frauengesundheitszentren (Adressen im Anhang).

▶ **Selbsthilfegruppen bieten den Austausch mit anderen Betroffenen. Frauengesundheitszentren sind hilfreiche Anlaufstellen.**

Gesunde Wechseljahre-Ernährung

▶ Die Ernährung beeinflusst Lebenserwartung und Lebensqualität.

Zu recht heißt es: Der Mensch ist, was er isst. Die Ernährung hat Einfluss auf unsere Lebenserwartung und unsere Lebensqualität. Mit einer gezielt zusammengestellten Ernährung können wir nicht nur typische Wechseljahrebeschwerden wie Hitzewallungen lindern oder gar ganz vermeiden. Wir können auch vielen der in der Zeit nach der Menopause drohenden Erkrankungen – Osteoporose, Herz-Kreislauf-Erkrankungen, Krebs – wirksam vorbeugen. Der lindernde und vorbeugende Effekt ist wissenschaftlich bewiesen – und das alles ohne unerwünschte Risiken und Nebenwirkungen!

▶ Für eine Ernährungsumstellung ist es nie zu spät.

Ganz egal, ob Sie eine Ernährungsumstellung mit 45, 50, 55 oder später in Angriff nehmen – die positiven Auswirkungen einer gesunden, den Erfordernissen der Wechseljahre und der Zeit danach angepassten Kost werden Sie in jedem Fall am eigenen Leibe spüren. Und auch für alle, die bisher schon möglichst gesund gegessen haben, gibt es in dieser neuen Lebensphase einige neue Erkenntnisse umzusetzen. Die Ernährung ist eben nicht nur ein »Wohlfühlfaktor«, sondern kann auch ganz gezielte Hilfe leisten. Schon Hippokrates sagte: »Eure Nahrungsmittel sollen eure Heilmittel und eure Heilmittel sollen eure Nahrungsmittel sein.« In seinem Sinne schaffen wir uns unsere eigene »Esstherapie«.

Und das Schöne daran ist: Diese Therapie schmeckt alles andere als bitter. Sie tun nicht nur etwas für Ihre Gesundheit, sondern verschaffen sich auch wunderbare Genüsse, die in netter Runde noch einmal doppelt so köstlich sind. Von der Umstellung profitiert Ihre gesamte Familie – und Ihr Freundeskreis, wenn Sie ihn per Einladung an Ihren Neuentdeckungen teilhaben lassen.

► **Von der Umstellung profitiert die gesamte Familie.**

Ist so eine Umstellung nicht furchtbar kompliziert?

Keine Angst: Um mit der passenden Ernährung gut durch die Wechseljahre zu kommen, brauchen Sie nicht gleich Ernährungswissenschaftlerin zu werden. Sie brauchen sich nur einige wenige Grundsätze einzuprägen und bestimmte Lebensmittel gezielt und immer öfter in Ihren Speiseplan aufzunehmen.

Im Sinne einer gelassenen, ganzheitlichen Lebenseinstellung wollen wir auch gar nicht erst anfangen, beim Essen einzelne Nährstoffe oder Kalorien zu zählen. Auf diese Weise würden wir uns nur verkrampfen und eine völlig unentspannte Beziehung zum Essen entwickeln. Achtsamkeit und Mäßigung ohne Genussfeindlichkeit sind vielmehr angesagt: Wir stecken einen Kurs fest und versuchen, diesen Kurs auf lange Sicht zu halten.

► **Gesunde Ernährung ist Teil einer gelassenen, ganzheitlichen Lebenseinstellung.**

Von Ernährungs»sünden«, für die wir mit einem schlechten Gewissen und drastischen Gegenmaßnahmen büßen müssten, wollen wir aus diesem Grund auch gar nichts hören. Kleine Abweichungen vom Kurs sind immer erlaubt – wichtig ist nur, dass die Richtung stimmt!

Deshalb werden Sie in diesem Buch auch keine Tages- oder Wochenpläne finden, sondern grundsätzliche Richtlinien und eine Vielzahl leckerer, leicht nachzukochender Rezepte, die ge-

▶ Die ganze Familie kann mitessen, denn alle für die Wechseljahre empfohlenen Lebensmittel sind für Frauen jeden Alters und auch für Männer und Kinder gesund.

sund sind, viele günstige Nährstoffe enthalten und sich auf Wechseljahrebeschwerden lindernd auswirken können. Alles, was Sie zwischen diesen Buchdeckeln an Beispielen finden, ist gut für Sie und lässt sich deshalb auch bedenkenlos genießen. Auch Partner und Kinder können alles mitessen, was zur gesunden Wechseljahreküche gehört. Alle für die Wechseljahre besonders empfohlenen Lebensmittel wie Soja- und Vollkornprodukte, Hülsenfrüchte, Nüsse und Samen sind für Männer und Kinder ebenfalls äußerst gesund und können auch sie nachweislich vor Krankheiten und Beschwerden schützen. Lassen Sie sich also zum Nachkochen anregen und Ihre neue, gesunde Kost nach Herzenslust schmecken!

Möglichst pflanzlich, vollwertig und biologisch

▶ Ziel ist eine fettarme Ernährung mit möglichst hoher Nährstoffdichte.

In jeder Lebensphase, erst recht aber in den Wechseljahren und der Zeit danach besonders zu empfehlen, ist eine fettarme Ernährung mit »hoher Nährstoffdichte«, also möglichst vielen Vitaminen, Mineralstoffen und sekundären Pflanzenstoffen wie Antioxidanzien auf kleinstem Raum. Denn einerseits *steigt* der Bedarf an wertvollen Nährstoffen (z. B. Kalzium, Magnesium usw.), andererseits *sinkt* der Grundumsatz, d. h., um unser gewohntes Gewicht in etwa halten zu können, sollten wir tendenziell eher weniger essen.

Lebensmittel mit hoher Nährstoffdichte sind Grundbestandteil der Vollwertkost. Wer sich vollwertig ernährt, nimmt Nahrungsmittel in ihrer ursprünglichen, möglichst wenig verarbeiteten Form zu sich, meidet Weißmehl und

Fabrikzucker, verwenden Getreideerzeugnisse (Brot und andere Backwaren, Getreideflocken, Nudeln u. Ä.) aus dem ganzen Getreidekorn und isst viel (rohes) Obst und Gemüse.

Im Klartext bedeutet dies: Lassen Sie weißen Zucker und weißes Mehl als leere Kalorienträger ohne weiteren Nährwert nach und nach aus Ihrer Speisekammer verschwinden. Vermeiden Sie Fertiggerichte und andere stark verarbeitete Lebensmittel. Kaufen Sie Vollkornbrot und anderes Vollkorngebäck. Steigen Sie auf Vollkornnudeln um, kochen Sie Naturreis und entdecken Sie andere leckere Produkte aus dem vollen Getreidekorn, die Sie bisher vielleicht eher selten oder gar nicht verwendet haben. Die darin enthaltenen so genannten komplexen Kohlenhydrate haben einen besonders günstigen glykämischen Index und wirken sich positiv auf die Insulinausschüttung aus. Halten Sie Ihre Obstschale immer gut gefüllt und knabbern Sie reichlich rohes Gemüse. »Fünfmal am Tag« heißt beim Verzehr von Obst und Gemüse die Devise einer internationalen Gesundheitskampagne, der Sie sich heute noch anschließen sollten. Auf diese Weise wird es Ihnen auch gelingen, in den Wechseljahren ein gesundes Gewicht zu halten. Am besten lässt sich der Gehalt an ungünstigen (gesättigten, tierischen) Fetten nämlich drücken, indem man Fertigprodukte meidet und viel Obst, Gemüse und Vollkornprodukte mit satt machenden, komplexen Kohlenhydraten isst. Auch Ihre Darmflora wird es Ihnen danken. Ein gesunder Darm kann die wertvollen Inhaltsstoffe der Nahrung gut verwerten und trägt viel zum allgemeinen Wohlbefinden bei. Eine ballaststoffreiche Ernährung senkt überdies das Darmkrebsrisiko.

▶ **Vollwertig essen heißt, Nahrungsmittel in ihrer ursprünglichen, möglichst wenig verarbeiteten Form zu genießen.**

▶ **»Fünfmal am Tag« heißt die Devise bei Gemüse und Obst.**

Tipps für den Übergang

Falls Sie und Ihre Familie bisher an Weißmehl, helle Nudeln und weißen Reis gewöhnt sind und Vollkornprodukte anfangs als ungewohnt »hart« oder »mühsam zu kauen« empfinden, schmuggeln Sie die Vollkornvariante vorsichtig ein und erhöhen Sie langsam die Dosis. Mischen Sie beim Backen Weißmehl und Vollkornmehl im Verhältnis eins zu eins. Kombinieren Sie helle mit bunten und braunen Nudeln. Kochen Sie eine Reis-Körner-Mischung, die weicher ist als reiner Vollkornreis, und kaufen oder backen Sie Brot aus fein gemahlenem Vollkornmehl ohne ganze Körner.

Raffinierten weißen Zucker können Sie durch braunen Rohrohrzucker ersetzen, der ohnehin viel aromatischer schmeckt. Experimentieren Sie auch mit anderen Süßungsmitteln wie Ahornsirup, Agaven-, Birnen- und Apfeldicksaft. Reduzieren Sie beim Backen und Kochen allmählich die Zuckermenge. Viele Kuchen aus konventionellen Backbüchern schmecken auch dann noch lecker, wenn Sie die im Rezept angegebene Zuckermenge halbieren. Ihr Gaumen wird sich umgewöhnen und das jetzt vielleicht noch verlockende Zuckerteilchen bald als unerträglich süß empfinden.

Ähnlich können Sie den Rohkostanteil in Ihrem Speiseplan allmählich steigern. Auf diese Weise haben auch Ihre Verdauungsorgane Zeit, sich auf die neue Kost umzustellen. Ideal wäre es, wenn Sie langfristig zu Beginn jeder Mahlzeit eine ordentliche Portion Rohkost (Obst oder Gemüse) genießen würden. Und auch zwischendurch darf natürlich jederzeit aus der Obstschale oder dem Gemüsefach genascht werden!

▶ »Bio« schmeckt besser und ist gesünder.

Bevorzugen Sie außerdem Lebensmittel aus kontrolliert-biologischem Anbau. Zahlreiche wissenschaftliche Untersuchungen haben ergeben, dass Bio-Produkte weniger schädliche Rückstände und mehr wertvolle Nährstoffe enthalten als vergleichbare Produkte aus konventionellem Landbau. In einer aktuellen Studie der *University of California* stellte sich außerdem heraus, dass z. B. in Mais sowie in Erd- und

Brombeeren aus Bio-Produktion deutlich mehr bioaktive Pflanzenstoffe stecken, auf die es in der Ernährung in den Wechseljahren gerade ankommt. Die kalifornischen Wissenschaftler erklärten ihre Ergebnisse damit, dass die in der herkömmlichen Landwirtschaft eingesetzten Pestizide die Pflanzen daran hindern, eigene Abwehrstoffe zu bilden. Genau diese pflanzlichen Abwehrstoffe sind jedoch besonders wertvoll für den Menschen. Wer Bio-Produkte isst, tut also nicht nur etwas für die Umwelt, sondern tatsächlich auch etwas für seine Gesundheit.

► **Gerade die in den Wechseljahren so wichtigen bioaktiven Pflanzenstoffe sind in Bio-Produkten stärker enthalten.**

Fein raus sind Vegetarierinnen, die schon durch ihre gewohnte Kost reichlich pflanzliche Nähr- und Wirkstoffe zu sich nehmen. Es gibt Hinweise darauf, dass Vegetarierinnen seltener unter Wechseljahrebeschwerden leiden. Selbst in eher konservativen Ratgebern zum Thema heißt es immer wieder: »Schränken Sie den Fleischkonsum ein und geben Sie pflanzlichen Lebensmitteln den Vorzug.« In diesem Buch werden Sie deshalb auch nur vegetarische Rezepte finden. Wenn Sie schon bisher fleischlos glücklich waren, können Sie sich voll und ganz bestätigt fühlen. Wenn Sie noch nicht auf dem vegetarischen Weg sind, finden Sie hier viele praktische Beispiele dafür, wie Sie pflanzliche Lebensmittel mit ihren vielen günstigen Wirkstoffen stärker in den Mittelpunkt Ihres Speiseplans rücken können.

► **Eine vegetarische Ernährung ist in den Wechseljahren ideal.**

Richtig trinken

Ehe wir zu konkreten Ernährungsratschlägen kommen, noch ein paar Hinweise zum Trinken. Um in allen Bereichen gut funktionieren zu können, braucht unser Körper Flüssigkeit,

► **Eineinhalb bis zwei Liter sollte man täglich trinken – schon bevor der Durst kommt.**

Flüssigkeit und nochmals Flüssigkeit. Nicht selten gehen diffuse Beschwerden und Leistungseinbußen auf mangelndes Trinken zurück. Und viele Beschwerden wie die bei Frauen in den Wechseljahren leider so häufigen Harnwegsinfekte lassen sich durch ein großzügig bemessenes Trinkpensum am besten abwenden.

Trotzdem trinken die meisten von uns einfach zu wenig. Mit zunehmendem Alter lässt dann auch noch das Durstempfinden nach, auf die innere Stimme ist in diesem Fall also wenig Verlass. Dagegen hilft nur, sich das Trinken zunächst auch ohne Durst anzugewöhnen. Eineinhalb bis zwei Liter am Tag sollten es schon sein. Am besten geeignet sind Wasser, Saftschorlen oder Kräutertees – schwarzer Tee und Kaffee sind weniger günstig. Alle Arten von Limos sind leere Kalorienträger und sollten nur im Ausnahmefall die Kehle herunterrinnen. Milch, So-

Gesunde Trink-Tipps

▷ Suchen Sie sich aus den empfehlenswerten Getränken diejenigen aus, die Ihnen schmecken. Sie werden nur dann reichlich trinken, wenn die Flüssigkeit mit Genuss durch die Kehle rinnt!

▷ Eine gute Alternative zu schwarzem Tee ist der relativ neutral wirkende Roibuschtee, der sich wie schwarzer Tee auch auf englische Art mit Milch oder Sojadrink genießen lässt.

▷ Grüner Tee hat Inhaltsstoffe mit stark krebshemmender Wirkung. Vielleicht gewöhnen Sie sich an, jeden Tag eine Tasse zu trinken?

▷ Probieren Sie die Kräuterteerezepte für Frauen in den Wechseljahren auf S. 45 und die Getränke im Rezeptteil (S. 152).

▷ Mit einem kalziumreichen Mineralwasser können Sie schon beim Trinken etwas für Ihre Knochen tun. Kalzium aus Mineralwasser wird vom Körper gut aufgenommen, weil es in gelöster Form vorliegt.

▷ Achten Sie auch beim Saftkauf auf Bio-Qualität. In den nicht aus Fruchtsaftkonzentrat gewonnenen Bio-Säften stecken noch am meisten Vitamine und andere pflanzliche Wirkstoffe.

▷ Roter Traubensaft enthält sowohl Eisen als auch die Eisenaufnahme förderndes Vitamin C, ist also eine ideale Schorlengrundlage für eine gute Eisenversorgung.

▷ Tomatensaft enthält krebshemmendes Lykopin. Natürlich lässt sich auch Tomatensaft zu einer Schorle verdünnen.

▷ Preiselbeer- und Heidelbeersaft enthalten Tannine, die die Anheftung von E. coli-Bakterien an die Zellen von Blase und Niere hemmen. Zur Vorbeugung von Harnwegsinfekten können Sie täglich 100 ml in eine Saftschorle mischen.

▷ Eine ganz besonders segensreiche, ausgleichende Wirkung geht von heißem Wasser aus, weshalb es auch von Buddhistinnen und Buddhisten vorzugsweise getrunken wird. Kochen Sie Leitungswasser einmal auf, füllen Sie es in eine Thermoskanne und trinken Sie über den Tag verteilt immer wieder eine Tasse.

► Wasser, Saftschorle und Kräutertee sind die gesündesten Durstlöscher.

jadrinks und unverdünnte Säfte bringen reichlich Nährstoffe, aber auch Kalorien mit, sollten also nicht als Getränke, sondern als kleine Zwischenmahlzeit gelten. Mischen Sie Säfte in der Regel im Verhältnis zwei zu eins mit Wasser.

Trinken Sie auch dann fleißig weiter, wenn Sie dadurch von jetzt an häufiger zur Toilette müssen (ein weit verbreiteter Grund dafür, warum viele noch zu wenig trinken). Das ist ganz normal und ausgesprochen gut für Blase und Nieren.

Manchen hilft es, sich die Menge, die sie über den Tag verteilt trinken wollen, schon am Morgen bereitzustellen, andere zählen lieber Pi mal Daumen die ausgetrunkenen Gläser oder Becher. Hilfreich sind auch feste Regeln, z. B. bei jedem Essen, nach dem Aufstehen, in der Arbeitspause, vor dem Schlafengehen usw. ein großes Glas Wasser oder Saftschorle zu trinken.

► Beim Trinken helfen feste Regeln und schöne Rituale.

Machen Sie es sich schön, schenken Sie sich selbst einen besonders netten Becher oder eine formvollendete Tasse. Halten Sie sich an die britische Tradition des Fünf-Uhr-Tees, kochen Sie sich jeden Nachmittag eine große Kanne und stellen Sie zu jeder Mahlzeit in einer schönen Karaffe Wasser auf den Tisch.

Beschwerden lindern mit Phytohormonen

Bei der gesundheitsfördernden Ernährung in den Wechseljahren nehmen die Phytohormone eine Schlüsselstellung ein. Doch was verbirgt sich überhaupt hinter dem Begriff »Phytohormone«? Wie wirken sie? Und was ergibt sich daraus für unseren täglichen Speiseplan?

Phytohormone (»*phyto*« = griechisch für »Pflanze«) sind »bioaktive Pflanzenstoffe«, die im menschlichen Organismus hormonähnlich wirken. Auf die Schliche kam man ihnen durch eine verblüffende Beobachtung: In asiatischen Ländern gibt es deutlich weniger Osteoporose, Herz-Kreislauf-Erkrankungen und hormonabhängige Krebsarten wie Brust- und Prostatakrebs. Außerdem leiden Asiatinnen seltener unter Wechseljahrebeschwerden. Bei einer der ersten Studien zum Thema stellte man fest, dass Japanerinnen so selten Hitzewallungen hatten, dass sich für den Fragebogen in ihrer Sprache kein Wort dafür finden ließ. Dieses Phänomen ist aber offenbar nicht genetisch bedingt. Entsprechende Studien ergaben, dass nach einer Auswanderung in die USA oder andere westliche Länder bei asiatischen Immigrantinnen und Immigranten die Krankheitsrate ansteigt. In der nächsten Generation liegt das Risiko schon gleich auf mit dem Einwanderungsland. Der Lebensstil und die asiatische Ernährung müssen also ausschlaggebend sein.

▶ **Phytohormone sind bioaktive Pflanzenstoffe, die durch ihre hormonähnliche Wirkung Wechseljahrebeschwerden lindern können.**

Gesundes Asia-Food

Bei der Suche nach Unterschieden stieß man bei der Ernährung bald auf den hohen Sojaverzehr der Asiatinnen. Dass Pflanzen Stoffe mit östrogenähnlichen Eigenschaften produzieren können, wusste man schon lange. Bei der Sojapflanze sind es die Isoflavone. Im Urin japanischer Frauen wurden Isoflavonkonzentrationen nachgewiesen, die zehn- bis hundertmal höher lagen als bei gleichaltrigen Amerikanerinnen. Und je mehr Phytohormone man fand, desto weniger Hitzewallungen hatten die Betroffenen.

▶ **In asiatischen Ländern mit hohem Sojaverzehr gibt es weniger Osteoporose, Herz-Kreislauf-Erkrankungen, hormonabhängige Krebsarten – und Wechseljahrebeschwerden.**

▶ Beim Gesundheitseffekt der asiatischen Ernährung kommt der Sojabohne die Schlüsselrolle zu.

Die Japanerinnen praktizieren also schon seit Jahrhunderten eine natürliche, milde Hormontherapie.

Unzählige Studien bestätigten seit dieser Entdeckung die Schlüsselrolle der Sojabohne für den Gesundheitseffekt der asiatischen Ernährung. Soja enthält die Vitamine B_1, B_2, B_6, C und E, mehrfach ungesättigte Fettsäuren, verdauungsfördernde Ballaststoffe, Kalium, Folsäure und Selen, Magnesium und Mangan, Eisen und Zink, außerdem 40 Prozent hochwertiges Eiweiß mit lebensnotwendigen Aminosäuren und komplexe Kohlenhydrate. Außerdem strotzt es nur so vor bioaktiven Pflanzenstoffen mit erheblichem Gesundheitspotenzial.

Bioaktive Pflanzenstoffe

Außer den eigentlichen Nährstoffen wie Vitaminen, Mineralstoffen, Proteinen usw. enthalten Pflanzen Stoffe, die man »bioaktiv« nennt, weil sie im Stoffwechsel aktiv sind und ihn dadurch beeinflussen. Die Pflanzen produzieren diese Substanzen, um damit ihre eigenen Stoffwechselprozesse zu steuern, sich vor Schädlingen zu schützen oder ihr Wachstum zu regulieren. Auch im menschlichen Organismus entfalten viele dieser Stoffe eine gesundheitliche Schutzfunktion, senken z. B. Blutdruck und Cholesterin, Krebsrisiko und Infektionsgefahr. Wie viele dieser Stoffe es insgesamt gibt, ist unbekannt; wahrscheinlich ist erst ein Bruchteil erforscht.

»Phytohormone« wiederum lautet der Sammelbegriff für alle hormonähnlich wirken-

▶ **Bioaktive Pflanzenstoffe schützen den menschlichen Organismus vor Erkrankungen. Zu diesen Stoffen gehören die Phytohormone.**

Besonders reiche Quellen für Phytoöstrogene:
▷ Sojabohnen und Sojaprodukte wie Sojaflocken, Sojamehl, Sojasprossen, Tofu, Miso, Tempeh
▷ Leinsamen

Gute Quellen:
▷ Sojadrinks
▷ Hülsenfrüchte, vor allem Linsen, aber auch Kichererbsen, Bohnen, Schälerbsen
▷ Alfalfa- und Luzernesprossen
▷ Granatäpfel

Zusätzliche Quellen:
▷ Vollkorngetreide wie Weizen, Roggen, Hafer
▷ Nüsse und Samen
▷ Obst und Gemüse

▶ »Isoflavone« und »Lignane« heißen die für Frauen in den Wechseljahren besonders interessanten Phytohormone.

den bioaktiven Pflanzeninhaltsstoffe. Bis heute weiß man von mindestens 300 Pflanzen, die diese Stoffe enthalten, allerdings in sehr unterschiedlichen Mengen. Bekannt sind bisher vor allem Isoflavone und Lignane.

Isoflavone findet man im Pflanzenreich relativ selten, vorwiegend aber in tropischen Hülsenfrüchten, in wirklich nennenswert hoher Konzentration vor allem in der Sojabohne (»Soja-Isoflavone«). Auch einheimische Hülsenfrüchte, vor allem Linsen, enthalten wertvolle Isoflavone, wenn sie an die Spitzenwerte der Sojabohne auch längst nicht heranreichen. Durch ihren gleichzeitig beachtlichen Gehalt an Lignanen ermöglichen sie aber eine breite Versorgung mit Phytohormonen.

Lignane sind weiter verbreitet als Isoflavone, weil sie die Vorstufe zu Holzfasern (Lignin) bilden. Man findet sie in Früchten (Beeren, Äpfel, Birnen, Kirschen, Pflaumen, Melonen, Granatäpfel), in Gemüse (Brokkoli, Zucchini, Möhren, Zwiebeln, Blumenkohl), in Nüssen, Hülsenfrüchten, Vollkornprodukten und ölhaltigen Samen wie Sonnenblumenkernen, vor allem aber in Leinsamen.

▶ Eine betont pflanzliche Kost bietet die beste Versorgung mit Phytohormonen.

Andere Phytohormone, die im Zusammenhang mit den Wechseljahren immer wieder ins Gespräch gebracht werden, sind Coumestane, die jedoch nur in wenigen Pflanzen vorkommen, z. B. in Kleearten, vor allem Rotkleesamen, außerdem in Gemüse-Keimlingen wie Soja-, Luzerne- und Alfalfa-Sprossen.

Außer in Hülsenfrüchten und Getreide finden sich Phytohormone, wie gesagt, in Nüssen und vielen Obst- und Gemüsesorten. Eine betont pflanzliche Kost bietet also die beste Versorgung.

Förderer der hormonellen Harmonie

Das Besondere an den »Phytohormone« genannten Substanzen ist, dass ihre chemische Struktur dem menschlichen Östrogen ähnelt, weshalb man auch von »Phytoöstrogenen« spricht. Nach dem Schlüssel-Schloss-Prinzip passen sie genau an die für das körpereigene Östrogen vorgesehenen Bindungsstellen. Die Phythohormone »docken« an diesen Rezeptoren an und halten sie besetzt, haben aber eine sehr viel schwächere östrogene Wirkung als die menschlichen Hormone.

► **Nach dem Schlüssel-Schloss-Prinzip wirken Phytohormone ausgleichend auf den Östrogenspiegel.**

Auf diese Weise kommt es zu einem segensreichen Doppeleffekt: Je nach der jeweiligen Situation im Körper wirken sie einer Über- oder einer Unterversorgung mit Östrogen entgegen. Gibt es zu viel Östrogen, blockieren die Phytohormone die Rezeptoren, wirken so einer Überflutung entgegen und dämpfen mit ihrer milderen Wirkung den Einfluss des Östrogens im Körper. Ist dagegen zu wenig Östrogen vorhanden, bleiben die Rezeptoren nicht leer, sondern nehmen zumindest die Phytohormone mit ihrer schwächeren, aber dennoch vorhandenen östrogenen Wirkung auf.

► **Gerade die für die Wechseljahre so typischen Hormonschwankungen können von Phytohormonen aufgefangen werden.**

Phytohormone wirken also in erster Linie ausgleichend. Sie sind Multitalente mit einer an die individuelle Situation angepassten Wirkung. Wissenschaftliche Studien haben gezeigt, dass sie nicht hoch dosiert auftreten müssen, um diese Wirkung auszulösen, sondern schon in den mit einer entsprechend ausgerichteten Ernährung enthaltenen Mengen Körperzellen stimulieren und therapeutisch wirksam sein können. Dass sie tatsächlich aufgenommen und

Granatäpfel

Als exotische Phytohormonquelle können leuchtend rosarote Granatäpfel Salate, Obstsalate, Kuchen und Quarkspeisen bereichern. Um sich ein bewährtes Hausmittel selbst herzustellen, entkernen und zerkleinern Sie fünf bis sieben Granatäpfel, lassen sie vier Wochen lang in 60-prozentigem Alkohol ziehen und seihen den Sud dann ab. Ein- bis zweimal täglich 20 Tropfen helfen bei Hitzewallungen und Stimmungstiefs.

► Eine phytohormonreiche Ernährung kann helfen, besser durch die Wechseljahre zu kommen.

vom Organismus verarbeitet werden, lässt sich anhand der in Urin, Blut und anderen Körperflüssigkeiten messbaren Stoffwechselprodukte beweisen.

Mit der Nahrung aufgenommen wirken sie also im Grunde wie schwache Hormonpräparate. In einer britischen Untersuchung stellte sich heraus, dass der Östrogenspiegel bei Frauen in den Wechseljahren, die zwei Wochen lang zehn Prozent ihres Kalorienbedarfs mit phytoöstrogenreichen Nahrungsmittel abdecken, um durchschnittlich 40 Prozent ansteigen kann. Auch wenn sie sehr viel sanfter wirken als körpereigene oder gar pharmazeutische Hormone, können Phytoöstrogene, wenn sie im Rahmen einer ausgewogenen Ernährung regelmäßig gegessen werden, die hormonelle Situation im Organismus grundlegend positiv beeinflussen. Erwiesen ist: Eine phytoöstrogenhaltige Ernährung kann uns helfen, besser durch die Wechseljahre zu kommen.

Wirksam gegen Wechseljahrebeschwerden und Krebsrisiko

Besonders viele Studien und positive Erfahrungsberichte gibt es zum Thema Hitzewallungen. So spürten in einer beispielhaften Untersuchung 40 Prozent der Frauen mit Hitzewallungen, die zwölf Wochen lang 45 g Sojamehl am Tag gegessen hatten, schon nach sechs Wochen deutliche Verbesserungen. Vielfach wurde in Studien ein Absinken von FSH- und LH-Werten nachgewiesen. Auch Ängstlichkeit, Niedergeschlagenheit, Stimmungsschwankungen, Schweißausbrüche, Schlafstörungen und vaginale Trockenheit können sich bessern, wenn regelmäßig Phytohormone gegessen werden. So können wir die positiven Seiten des Östrogens auf milde Weise nutzen, ohne die Risiken einer Hormonbehandlung eingehen zu müssen.

▶ **Die lindernde Wirkung von Sojaprodukten ist in wissenschaftlichen Studien nachgewiesen.**

Phytohormone gleichen hormonelle Schwankungen aus, wie sie gerade zu Beginn der Wechseljahre typisch sind. Plötzliche Östrogenüberschüsse werden als Ursache auch hinter manchen prämenstruellen Beschwerden vermutet. Auch hier könnten sie also lindernd wirken – eine Vermutung, die allerdings noch nicht hinreichend klinisch erforscht ist.

Weil sie bei einem Östrogen-Überangebot an den Rezeptoren andocken können, ohne eine starke östrogene Reaktion auszulösen, damit also verhindern, dass sich das körpereigene Östrogen in manchen Organsystemen an die Rezeptoren bindet, können Phytohormone östrogenabhängigen Krebsarten wie (bei Frauen) Brust-, Gebärmutterschleimhaut-, Eierstock- und (bei Männern) Prostatakrebs entgegenwirken. Zahlreiche Studien haben diesen

▶ **Auch ein schützender Effekt gegen hormonabhängige Krebsarten hat sich gezeigt.**

► Eine sojareiche Kost wird z. B. zur Prävention von Brust- und Prostatakrebs empfohlen.

schützenden Effekt bei der Entwicklung östrogenabhängiger Krebsarten nachgewiesen, besonders bei Brustkrebs, der durch lokale Östrogenüberschüsse im Brustdrüsengewebe begünstigt wird. In Japan, wo täglich Tofu gegessen wird, ist Brustkrebs viermal seltener als in den USA. Mit anderthalb Tassen Tofu am Tag (ca. 375 g) ließ sich das Risiko für bestimmte Krebsarten in amerikanischen Studien nachweislich senken. Die *American Cancer Society* empfiehlt sojareiche Kost zur Prävention von Prostatakrebs. Die von den in diesem Buch vorgestellten Rezepten mitessenden Männer können also gesundheitlich auf ganzer Linie nur profitieren.

Phytohormone sind aber auch eifrige Radikalenfänger. »Freie Radikale« sind aggressive Sauerstoffmoleküle, die überall im Körper Zellmembrane und Eiweiße, aber auch den genetischen Bauplan im Zellkern schädigen und damit Veränderungen der Erbsubstanz auslösen, die am Anfang jeder Krebsentwicklung stehen. Besonders das Soja-Isoflavon Genistein spielt hier eine wirksame antioxidative Rolle, da es solche Moleküle abfangen und unschädlich machen kann, ehe sie die Chance haben, kanzerös zu werden. In Untersuchungen nachgewiesen wurde auch, dass Phytoöstrogene das Wachstum von präkanzerösen Darmveränderungen und Darmkrebszellen positiv beeinflussen können.

► Phytohormone sind auch fleißige Radikalenfänger.

Durch wissenschaftliche Untersuchungen versucht man, hinter das Geheimnis der antikarzinogenen Wirkung der Phytohormone zu kommen. In einer neueren Studie verwandelten Frauen vor der Menopause, die täglich 240 ml Sojadrink tranken, Östrogen vermehrt in eine deutlich weniger schädliche, hydroxylierte Form. Darüber hinaus regen Phytoöstrogene die Bildung so genannter *Sex Hormone Binding Globulins* (SHBG) an. Sie binden die Geschlechtshormone im Blut und senken die Konzentration von Testosteron und freiem Östrogen. Bei Patientinnen mit Brustkrebs sind sehr niedrige SHBG-Werte nachgewiesen.

Positive Einflüsse werden bei Prostata-, Blasen-, Brust-, Darm- und Hautkrebs vermutet. Zu einer Wachstumshemmung bei hormonabhängigen Prostatatumoren kam es im Versuch allerdings nur im frühen Stadium, bei fortgeschrittenen und hormonunabhängigen Tumoren ist die Schutzwirkung fraglich; der antikarzinogene Effekt scheint dort also vorwiegend auf das Krebs-Frühstadium beschränkt zu sein.

► **Der antikanzerogene Effekt scheint auf Krebstumoren im Frühstadium beschränkt zu sein.**

Schutz für Herz und Knochen

Weiter wirken Phytohormone positiv auf die Blutfettwerte. Mehrere Studien berichten von einem Absinken des LDL-Cholesterins um zehn bis 20 Prozent, wenn zwischen 20 und 60 g Sojaprotein mit einem Isoflavongehalt von 50 – 150 mg pro Tag verzehrt wurden. (Interessanterweise verbesserten sich die Werte bei der Gabe der gleichen Menge an Isoflavonen in isolierter Form in den meisten Studien dagegen nicht.) Isoflavone scheinen die Elastizität der Blutgefäße zu verbessern und die LDL-Fraktion im Blut vor Oxidation zu schützen. In oxydierter Form gelten diese Fettpartikel als Risikofaktor für Arteriosklerose. Leinsamen zeigte in Studien einen ähnlich positiven Einfluss auf die Blutfettwerte wie Sojaprotein.

Schließlich führen Phytohormone zu einer besseren Versorgung der Knochen, wirken dem Verlust an Knochensubstanz entgegen und

► **Phytohormone beeinflussen die Blutfettwerte positiv und wirken dem Verlust von Knochensubstanz entgegen.**

► Eine gesunde Darmflora begünstigt die Aufnahme von Phytohormonen.

bieten daher eine gute Vorbeugung gegen Osteoporose. Die positive Wirkung auf die Knochendichte ist bei Frauen nach der Menopause nachgewiesen, für die Zeit vor der Menopause sind die Ergebnisse widersprüchlich.

Kritische Hinweise

Bei aller Euphorie zum Schluss noch zwei kritische Hinweise: Phytoöstrogene werden von Enzymen der Darmflora verstoffwechselt, ihre Aufnahme hängt von einer intakten Darmflora ab. Die Einnahme von Antibiotika verschlechterte im Versuch die Verstoffwechslung im Darm, die Ausscheidung im Urin war deutlich gesenkt. Auch aus diesem Grund ist es wichtig, auf eine darmgesunde Ernährung zu achten. Pflanzenkost mit reichlich Ballaststoffen und milchsaure Lebensmittel mit darmfreundlichen Bakterien leisten hier eine gute Unterstützung.

► Eine gute Jodversorgung ist ebenfalls wichtig.

In Tierversuchen hatten reichliche Sojagaben bei gleichzeitigem Jodmangel ungünstige Auswirkungen auf die Schilddrüse. Die Soja-Isoflavone Genistein und Daidzein hemmen ein Enzym *(Thyreo-Peroxidase)*, das Jod an Tyrosin anlagert, können so die Synthese von Schilddrüsenhormonen stören. Wichtig ist also, ausreichend Jod aufzunehmen. Die Asiatinnen tun dies, indem sie Algen essen. Probieren Sie es mit getrockneten Algenprodukten, die Sie im Reformhaus oder Bioladen bekommen, und verwenden Sie jodhaltiges Speisesalz. Ebenfalls sinnvoll: Essen Sie möglichst abwechslungsreich und setzen Sie nicht nur auf Sojaprodukte, sondern wählen Sie immer öfter auch andere Quellen für Phytohormone.

Volle Wirkung im natürlichen Verbund

Viele gute Gründe sprechen also dafür, in die gesunde Wechseljahre-Küche hineinzuschmecken und etwas für sich und seine Gesundheit zu tun – wenn da nicht wieder die innere Schweinhündin wäre! Sich Gedanken über den Speiseplan machen, vielleicht sogar Essgewohnheiten umstellen müssen? Da erscheint es doch praktischer, Soja-Isoflavone als Kapsel einzunehmen – und schon ist das Thema Ernährung in den Wechseljahren gegessen!

Schade wär's, denn damit würden Sie die Gelegenheit verpassen, frischen Wind in Ihre Alltagsküche zu bringen, viele Genüsse blieben unentdeckt. Zudem entfalten Phytoöstrogene aus Soja, Leinsamen & Co. gerade dann ihre ganze Kraft, wenn sie im Verbund mit den anderen natürlichen Inhaltsstoffen ihrer Ursprungslebensmittel wirken können. Eine möglichst vollwertige und biologische, eindeutig pflanzlich ausgerichtete Kost gehört schon dazu, wenn der positive Einfluss der Pflanzenhormone voll zum Tragen kommen soll. Vollkornprodukte, Hülsenfrüchte, Obst und Gemüse – sie alle müssen zusammen wirken, um uns mit einer vielseitigen, ausgewogenen Mischung pflanzlicher Wirkstoffe versorgen zu können. Beispielsweise wurde festgestellt, dass die Phytohormone nur dann voll wirksam werden können, wenn die Darmflora intakt ist. Und für eine gesunde Darmflora sind Vollkorn, Obst und Gemüse besonders wichtig.

Darüber hinaus enthält Soja als Phytoöstrogene ja nicht nur Isoflavone, sondern auch Lignane und viele andere Stoffe, die sich mög-

▶ Am besten wirken Phytohormone im Rahmen einer betont pflanzlich ausgerichteten Vollwertkost.

▶ Eine Ernährungsumstellung in den Wechseljahren ist mit der Entdeckung neuer Genüsse verbunden und in jeder Hinsicht ein Zugewinn.

► **Vegetarierinnen sind mit Phytohormonen offenbar besonders gut versorgt.**

licherweise gegenseitig beeinflussen und ergänzen. Mit einer pflanzenbetonten Kost, bei der Sojaprodukte, Leinsamen und Getreide häufig auf dem Speiseplan stehen, wird auf wohlschmeckende Weise das gesamte Spektrum bioaktiver Substanzen abgedeckt. Dabei müssen es gar nicht unbedingt große Mengen sein. Schon die im Rahmen einer vegetarischen, bewusst Sojaprodukte einschließenden Kost aufgenommenen Soja-Isoflavone können im menschlichen Organismus eine Wirkung entfalten. Zudem hat man festgestellt, dass die Konzentration von Phytoöstrogenen im Körper individuell schwanken kann, auch wenn die gleiche Menge zugeführt wird. Denn viele Faktoren, darunter der Verzehr an Ballaststoffen, Gemüse und Obst, beeinflussen den Stoffwechsel der Phytoöstrogene. Vegetarierinnen und Vegetarier haben die höchsten Ausscheidungswerte von Phytoöstro-

gen-Stoffwechselprodukten. Eine Kombination der an Phytoöstrogenen reichen Lebensmittel mit viel Obst und Gemüse scheint ihren Nutzen zu optimieren.

Als Nahrungsergänzungsmittel sind Präparate mit Phytoöstrogenen frei erhältlich. Mit der Selbstmedikation sollten Sie dennoch verantwortungsbewusst umgehen. Wenn Sie sich für eine gewisse Zeit für eine Einnahme von Phytoöstrogen-Präparaten entscheiden (mehr dazu auf Seite 41 zur Stufe 2), dann lassen Sie sich vor der Einnahme in jedem Fall von kompetenter Seite beraten.

► **Wer Phytohormone in Kapselform einnehmen möchte, sollte sich von kompetenter Seite beraten lassen.**

Vielfältige Sojaprodukte

Die einjährige, buschbohnenähnliche Sojapflanze *(Glycine soja)* ist eine der ältesten Kulturpflanzen überhaupt. Ursprünglich stammt sie aus Asien, wo sie seit Jahrtausenden angebaut wird und als Grundnahrungsmittel gilt. Heute wird sie auch auf anderen Kontinenten, z. B. in Amerika, großflächig kultiviert. An ihren Trieben bildet sie haarige Schoten, die erst grün sind, später braun werden und bis zu sechs Samen enthalten. Wie Erbsen und Linsen gehört die Sojapflanze zu den Leguminosen, ihre Samen zählen daher zu den Hülsenfrüchten.

► **Sojabohnen stecken voller gesunder Inhaltsstoffe.**

Die kleinen gelben Sojabohnen strotzen nur so vor gesunden Inhaltsstoffen. Sie sind eine reichhaltige Quelle für hochwertiges Eiweiß mit allen lebensnotwendigen Aminosäuren, wertvolle Fettsäuren, Ballaststoffe, Pflanzenhormone, Vitamine (B_1, B_2, E), Mineralstoffe (Kalium, Kalzium und Magnesium) und Spurenelemente (Eisen und Zink). Weltweit werden heute etwa eintausend verschiedene Sojasorten angebaut.

▶ Unbedingt zu bevorzugen sind Sojabohnen aus kontrolliert biologischem Anbau und ohne Gentechnik.

▶ Sojabohnen pur enthalten am meisten Phytohormone und können wie andere Hülsenfrüchte zubereitet werden.

Beim Kauf von Sojabohnen und Sojaprodukten sollten Sie unbedingt auf kontrolliert-biologischen Anbau achten, da der konventionelle Anbau der Bohnen mit einem enormen Aufwand an chemischen Dünge- und Spritzmitteln verbunden ist. Achten Sie außerdem auf Sojabohnen ohne Gentechnik – gerade bei Sojabohnen wurde in den letzten Jahren kräftig an den Genen manipuliert. Genveränderte Organismen enthalten Eiweiße anderer Pflanzen, z. B. kann in den Sojabohnen plötzlich Erdnusseiweiß auftauchen – für Allergiker eine womöglich lebensbedrohliche Tatsache. Außerdem sind mögliche Antibiotika-Resistenzen bei menschlichen Darmbakterien zu befürchten. Nur Produkte, die mehr als 0,9 Prozent manipulierte Anteile enthalten, sind jedoch nach dem neuen EU-Recht kennzeichnungspflichtig. Ausführliche Informationen über mögliche Gefahren der Gentechnik und über Firmen, die sich zur Verwendung gentechnikfreier Lebensmittel verpflichtet haben, bekommen Sie bei Greenpeace (siehe Adressenteil).

Sojabohnen

Die gelben Powerkugeln sind das Ausgangsprodukt für alle Sojalebensmittel, aber natürlich kann man die Bohnen auch als solche zubereiten. Sojabohnen pur haben den höchsten Phytoöstrogengehalt und sind, da am wenigsten verarbeitet, aus der Sicht der Vollwertkost besonders empfehlenswert.

Sojabohnen gibt es getrocknet im Reformhaus oder im Naturkostladen zu kaufen. Aus getrockneten Sojabohnen kann man selbst Sojadrink und/oder Tofu herstellen (Tipps dazu auf Seite 76). Sollen die getrockneten Bohnen gekocht zum Einsatz kommen, müssen sie zuerst über Nacht eingeweicht werden. Das Einweichwasser schüttet man weg und köchelt die Bohnen anschließend etwa zwei Stunden lang in frischem Wasser. Ähnlich wie Kichererbsen bleiben gekochte Sojabohnen relativ fest. Verwenden kann man gekochte Sojabohnen z. B. für Eintöpfe, Bratlinge, Füllungen und Salate oder als Gemüsebeilage (siehe Rezeptteil).

► Gekochte und geröstete Sojabohnen sind vielseitig einsetzbar.

Eine schöne Variante sind geröstete Sojabohnenkerne, die es ebenfalls im Reformhaus oder im Naturkostladen zu kaufen gibt. Ungesalzene können Sie z. B. in Ihre Müslimischung und in Ihren Brotteig geben, gesalzene eignen sich zum Bestreuen von Salaten oder Pfannengemüsen und natürlich als leckere Knabberei.

Sojasprossen

Oft werden unter der Bezeichnung »Sojabohnenkeimlinge« in Wirklichkeit Mungobohnenkeimlinge vertrieben. Sie sind zwar lecker und ausgesprochen knackig, enthalten aber weniger Isoflavone und Proteine. Echte Sojasprossen schmecken strenger und werden deshalb seltener angeboten. Dafür haben sie einen besonders hohen Nährstoff- und Phytoöstrogengehalt. Vor dem Verzehr müssen sie (z. B. für Salate und Suppen) kurz blanchiert oder (z. B. in einem Wok-Gericht) angebraten werden.

► Echte Sojasprossen schmecken strenger, enthalten aber mehr Phytohormone als Mungobohnenkeime.

Um Sojabohnen selbst zu keimen, werden sie in einem Glas über Nacht in Wasser eingeweicht. Auf dem Glas mit einem Gummiring ein Stück Mull befestigen und das Wasser abgießen. Das Glas mit der Öffnung nach unten leicht gekippt auf ein Ablaufbrett stellen. Bohnen zweimal täglich bewässern. Keime mit der Wurzel essen, wenn sich die Keimblätter gerade öffnen wollen.

Sojadrink (»Sojamilch«)

► Sojadrink kann Kuhmilch beim Kochen problemlos ersetzen.

Sojadrink, umgangssprachlich auch »Sojamilch« genannt (lebensmittelrechtlich ist die Bezeichnung »Milch« nur für Milch tierischen Ursprungs zulässig), entsteht durch das Kochen vermahlener Sojabohnen. Sojadrink lässt sich pur oder in Kaffee und Tee trinken und kann beim Kochen und Backen problemlos die Kuhmilch ersetzen. Übrigens lässt sie sich auch für Cappuccino, Latte Macchito und andere südländische Köstlichkeiten aufschäumen. Man kann sie »natur«, aber auch gesüßt und mit Zusätzen wie Kalzium kaufen. Außerdem gibt es Sojadrink in verschiedenen Geschmacksrichtungen wie Schoko, Erdbeer und Vanille.

► Sojadrink lässt sich auch selbst herstellen.

Sojadrink kann man aus getrockneten Sojabohnen auch selbst herstellen. Hilfreich sind dabei besondere Geräte, in die man nur getrocknete oder eingeweichte Sojabohnen und Wasser einzufüllen braucht, und schon nach einer halben Stunde hat man frischen, warmen Sojadrink. Wer ihn viel und regelmäßig verwendet, hat den Anschaffungspreis für das pfiffige Maschinchen schnell heraus, denn im Laden ist fertiger Sojadrink noch immer ziemlich teuer. Der Geschmack ist jedoch – je nach Gerät – zunächst etwas gewöhnungsbedürftig. Milder schmeckt die selbst gemachte Sojamilch, wenn man die Bohnen nach dem Einweichen von Hand schält (was recht langwierig ist) und/oder einen Löffel Reis zu den Sojabohnen gibt.

Aus Sojamilch wiederum kann man selbst Sojajoghurt oder Tofu herstellen (siehe S. 77).

Sojacreme (»Sojasahne«)

Auch die Bezeichnung »Sojasahne« ist rechtlich nicht zulässig, da die Bezeichnung »Sahne« nur für Milchprodukte gelten darf. Deshalb trägt das cremige Fertigprodukt auf Sojadrinkbasis auch so blumige Namen wie »Soja Cuisine«, »Soya Cooking Cream«, »Soja Dream«, »Soja Cremig« oder »Cre Soy«. In jedem Fall lässt es sich beim Kochen wie Sahne verwenden und verfeinert dadurch Sauce, Suppen und Desserts. Bei starker Hitze kann es allerdings ausflocken, deshalb sollten Sie es beim Kochen immer erst am Schluss zugeben. »Sojasahne« lässt sich leider nicht aufschlagen.

► »Sojasahne« bildet das i-Tüpfelchen der feinen Sojaküche.

Sojajoghurt

Sojajoghurt entsteht aus Sojamilch – genauso wie Joghurt aus Kuhmilch – durch die Zugabe von Joghurtkulturen. Man kann ihn fertig ohne Zusätze, mit Vanillegeschmack oder mit Fruchtzubereitungen z. B. aus Pfirsichen oder Erdbeeren, kaufen.

Sojajoghurt selbst zu machen geht ganz einfach: Im Reformhaus bekommt man dafür spezielle Kulturen. Man erwärmt einen Liter Sojadrink auf etwa 40 °C, rührt die Kulturen ein und hält alles sechs bis acht Stunden warm. (Am besten geht das natürlich mit einem elektrischen Joghurtbereiter – die Anschaffung lohnt sich, wenn Sie regelmäßig Joghurt machen.) Wenn der Joghurt fest geworden ist, stellt man ihn in den Kühlschrank. Zwei bis drei Esslöffel der »Ernte« hebt man auf, um damit später die nächste Portion anzusetzen. So geht es immer weiter, bis der Joghurt nicht mehr ganz so fest wird und Sie neue Kulturen kaufen müssen.

► Sojajoghurt schmeckt lecker und enthält darmgesunde Joghurtkulturen.

Mit selbst gemachtem Sojadrink gelingt der Joghurt allerdings meist nicht so gut. Verwenden Sie lieber gekauften Sojadrink, z. B. mit Vanille, dann bekommen Sie einen leckeren, festen Va-

► Der neutrale Eigengeschmack macht den Tofu zu einem Allroundkünstler in der gesunden Wechseljahreküche.

► Eine echte kulinarische Entdeckung ist der zarte Seidentofu.

nillejoghurt. Sojajoghurt können Sie pur löffeln oder für Müslis, Desserts und Dips verwenden.

Tofu

In der vegetarischen Küche seit jeher beliebt ist der aus der asiatischen Soja-Tradition stammende Tofu. Er wird aus Sojadrink gewonnen, der mit einem natürlichen Gerinnungsmittel versetzt wird. Der daraus entstandene Sojaquark wird in Presskästen gefüllt, und ein großer Teil der restlichen Flüssigkeit wird herausgepresst, bis die gewünschte Festigkeit erreicht ist. Tofu schmeckt kalt und warm, lässt sich kochen und braten. Vom Geschmack her eher neutral, ist er äußerst anpassungsfähig. Als kulinarisches Chamäleon lässt er sich sowohl für süße als auch für herzhafte Gerichte verwenden. In jedem Fall sollte man ihn kräftig würzen oder marinieren.

Für deftige Gerichte, aber auch einfach so als Brotbelag bestens geeignet ist Räuchertofu, den es fertig zu kaufen gibt. Darüber hinaus werden zahlreiche köstliche Tofuspezialitäten wie Basilikum-Tofu, Mandeltofu oder Tofu mit getrockneten Tomaten fertig angeboten.

Eine echte Entdeckung für die feine Küche ist der aus der japanischen Tradition stammende Seidentofu, den es in gut sortierten Naturkostläden sowie in Asialäden zu kaufen gibt (notfalls bestellen lassen!). Sein Geschmack ist so zart und seine Konsistenz so glatt und weich, dass man – auch für noch nicht sojagewöhnte Gaumen – die schönsten Köstlichkeiten daraus herstellen kann. Lassen Sie sich von den Beispielen im Rezeptteil inspirieren (und verwenden Sie für diese Rezepte tatsächlich wie angegeben nur Seidentofu, da sie auf dessen Konsistenz und Geschmack abgestimmt sind). Sie werden begeistert sein!

Natto, Sofu und Tempeh

Asiatische Soja-Spezialitäten sind Natto und Sofu, die ähnlich wie Tofu, aber aus fermentierter Sojamilch hergestellt werden. Beide haben eine käseähnliche Konsistenz und schmecken würziger als Tofu. In Asien werden sie als Beilage verwendet. Natto kommt aus der japanischen, Sufu aus der chinesischen Tradition. Wie alle fermentierten Sojaprodukte haben sie einen hohen Gehalt an Phytoöstrogenen.

Ebenfalls fermentiert ist Tempeh, eine ursprünglich von der Insel Java stammende, traditionelle Sojazubereitung. Bei der Herstellung von Tempeh werden gekochte Sojabohnen mit Edelschimmel fermentiert. Der Geschmack ist für westliche Gaumen zunächst gewöhnungsbedürftig. Der schnittfeste Tempeh ist in Asialäden zu bekommen und kann wie Fleisch zubereitet, also gebraten, gebacken oder gedämpft werden. Probieren Sie selbst, ob Sie sich mit dem etwas fremdartigen Geschmack anfreunden können.

▶ **Fermentierte Soja-Spezialitäten wie Natto, Sofu und Tempeh schmecken würziger als Tofu.**

Miso

Als ebenfalls fermentiertes Sojaprodukt dient Miso in der japanischen Küche als Grundlage für Suppen oder zum Würzen. Zur Gewinnung von Miso werden Sojabohnen mit Schimmelpilzen, Hefen und Milchsäurebakterien versetzt. Manchmal kommen auch noch Reis, Gerste oder Weizen dazu. Daraus erklärt sich die unterschiedliche Färbung von dunkelbraun bis gelblich. Dunkles Miso (z. B. Hatcho-Miso) enthält nur Sojabohnen und hat ein intensiveres Aroma. Hellere Misoarten enthalten Reis (z.B. Shiro-Miso) oder Gerste (z. B. Mugi-Miso) und sind milder. Es kann also einige Zeit dauern, bis Sie durch Ausprobieren Ihr Lieblings-Miso ge-

▶ **Herzhafte Misosuppe ist eine gute Alternative zur herkömmlichen Kraftbrühe.**

▶ Sojaflocken bereichern Müslis, Pfannengerichte und Salate.

funden haben. Dunklere Miso-Sorten sind reicher an Phytoöstrogenen.

Miso muss bis zu zwei Jahre reifen, ehe es als gebrauchsfertig gilt. Es ist sehr bekömmlich, enthält viel wertvolles Protein und reichlich Phytoöstrogene. Im Rezeptteil finden Sie einige Anwendungsbeispiele.

Sojaflocken

Bei der Herstellung von Sojaflocken werden die geschälten Bohnen erhitzt und in einem speziellen Zerkleinerungsverfahren flockiert. Sojaflocken können Sie im Reformhaus kaufen und ins Müsli, in den Brotteig, über den Salat, in den Eintopf oder über ein Pfannengemüse streuen. Kurz, sie eignen sich für alles, was noch mit einer Extraportion Soja angereichert werden soll.

Sojamehl

▶ Sojamehl kann beim Backen bis zu 20 Prozent des Weizenmehls ersetzen.

Werden die geschälten Sojabohnen erhitzt, sehr fein zerkleinert und abgesiebt, erhält man Sojamehl. Dieses »vollfette« Mehl wird aus der ganzen Bohne gewonnen, so genannte »entfettete« Mehle sind ein Nebenprodukt der Ölgewinnung. Entfettete Mehle werden im konventionellen Handel angeboten, Vollfett-Sojamehl dagegen gehört zu den gängigen Produkten in Reformhäusern oder Naturkostläden.

Das nussig schmeckende, glutenfreie Sojamehl eignet sich hervorragend zum Binden von Suppen und Saucen oder als Eiersatz (einfach einen Esslöffel Sojamehl mit zwei Esslöffel Wasser anrühren). Beim Backen können Sie außerdem bis zu 20 Prozent des Weizenmehls durch Sojamehl ersetzen. Der hohe Lecithinanteil macht das Gebäck besonders saftig. Probieren Sie die Backrezepte im Rezeptteil (ab S. 142).

Sojasauce

Sojasauce wird aus fermentierten Sojabohnen, Weizen oder Reis und Salz gewonnen. Es gibt viele verschiedene Sorten, die sich nach Herstellungsverfahren, Aussehen und Geschmack unterscheiden. Bei allen werden jedoch die Sojabohnen nach der Fermentation entfernt, so dass in der fertigen Sauce nur noch wenig Phytoöstrogene und Sojaproteine enthalten sind. Trotzdem handelt es sich um eine gesunde Alternative zu herkömmlichen Würzmitteln. Ideal geeignet ist Sojasauce natürlich für alle asiatischen Gerichte und zum Marinieren von Tofu. Aber auch Salatsaucen und vielen Gemüsegerichten verleiht sie eine interessante Würze.

▶ **Sojasauce ist ein hervorragendes Würzmittel.**

Sojaöl

Die in der Sojabohne enthaltenen Phytoöstrogene sind an das Eiweiß gebunden, daher sind in dem Öl keine nennenswerten Mengen vorhanden. Trotzdem ist unraffiniertes, kaltgepresstes Sojaöl aus dem Reformhaus oder Naturkostladen ein wertvolles Lebensmittel. Es enthält eine Vorstufe der adernschützenden Omega-3-Fettsäure (Alpha-Linolensäure), die sonst nur in fettreichem Fisch und wenigen anderen pflanzlichen Ölen wie Raps-, Walnuss- und Leinöl zu finden ist.

▶ **Sojaöl trägt zur Versorgung mit herzgesunden Omega-3-Fettsäuren bei.**

Sojaöl schmeckt mild und ist vielseitig einsetzbar. Gerade wegen seines hohen Anteils an ungesättigten Fettsäuren ist Sojaöl allerdings nur begrenzt haltbar. Kaufen Sie deshalb lieber immer nur kleine Mengen, die Sie alsbald verbrauchen. Kombinieren Sie es mit Raps-, Walnuss-, Lein- und auch Olivenöl, so bekommen Sie eine ausgewogene Mischung aus wertvollen Inhaltsstoffen.

Sojaschnetzel

▶ Sojaschnetzel
sind ein herzhafter
Fleischersatz.

Sojaschnetzel aus dem Reformhaus oder Naturkostladen bestehen aus reinem, teilentfettetem
Sojamehl. Das Sojamehl wird kurze Zeit erhitzt
und gepresst. Durch Lösen des Drucks wird es
dann zu seiner fleischähnlichen Konsistenz auf-
gepufft. Weder bei der Entfettung des Mehls
noch bei der Schnetzelherstellung unter Hitze
und Druck werden chemische Mittel eingesetzt.

In Sojasauce und Wasser eingeweicht, können Sojaschnetzel für Füllungen, Bratlinge und
Gemüsepfannen, vor allem aber wie Geschnet-
zeltes angebraten und mit leckeren Saucen verfeinert werden.

Sojagranulat und Soja-Fertigprodukte

▶ Soja-Fertigprodukte
erleichtern den Ein-
stieg in eine pflanzen-
betonte Kost.

Sojagranulat ist ein typisch westliches Sojaprodukt. In der Fachsprache wird es denn auch mit
dem Wortungetüm »Texturiertes vegetabiles
Protein (TVP)« bezeichnet. Es handelt sich um
isolierte Sojaproteine, die in einem komplizierten, industriellen Herstellungsverfahren bei bis
zu 200 °C durch Düsen gepresst werden, um sie
zu einer fleischähnlichen Faserstruktur zu ver-
spinnen und anschließend zu Bröckchen un-
terschiedlicher Größe zu formen. TVP kommt
meist als getrockneter Fleischersatz zur Anwendung (daher manchmal auch die Bezeichnung
»Sojafleisch«). TVP findet man pur (dann muss
es vor Gebrauch eingeweicht werden) oder in
Fertig-Lebensmitteln als Fleischersatz, z. B. in
Nudelsaucen, Sojawürstchen usw. Wegen des
hohen Verarbeitungsgrads passen Sojagranulat
und andere Soja-Fertigprodukte nicht so recht
in eine auf möglichst Frisches und Ursprüng-
liches ausgerichtete Vollwertkost. Hin und wie-

der als Fleischersatz haben sie in der gesunden Wechseljahresküche jedoch durchaus einen Platz.

Einmal täglich Soja und Leinsamen auf den Speiseplan

Nach allem, was wir bisher über Sojabohnen und die daraus hergestellten Lebensmittel gesagt haben, ist eines klar geworden: Wer Sojaprodukte regelmäßig in seinen Speiseplan einbaut, hat beachtliche gesundheitliche Vorteile.

▶ **Eine Ernährungsumstellung bietet die Chance, Neues auszuprobieren und Bewährtes abzuwandeln.**

Dabei brauchen Sie es gar nicht zu übertreiben. Sicher wäre es völlig falsch, zu Frühstück, Mittag und Abendessen nur noch Tofu zu futtern, bis Sie ihn nicht mehr sehen können. Viel besser ist es, ständig und beharrlich in allen möglichen Gerichten und Mahlzeiten Sojaprodukte mit in die Ernährung einfließen zu lassen, den eigenen Speiseplan immer wieder abzuwandeln und Neues auszuprobieren.

Setzen Sie sich zum Ziel, mindestens einmal täglich eine Mahlzeit mit einem Sojaprodukt zu bereichern. Probieren Sie die verschiedenen Produkte und die Gerichte im Rezeptteil aus und schauen Sie, was Ihnen am besten schmeckt. Sojaprodukte sind so vielseitig, dass Sie wirklich nach Lust und Laune variieren können. Schon zum Frühstück können Sie z. B. Sojadrink, Sojajoghurt oder Sojaflocken genießen. Mittags könnte es ein warmes Gericht mit Sojabohnen oder Seidentofu sein. Nachmittags lockt Sie vielleicht ein Cappuccino mit aufgeschäumtem Sojadrink, dazu ein mit Sojamehl gebackener Kuchen. Und für das Abendbrot gibt es Salate, Brotaufstriche oder ein leichtes Sojadessert.

▶ **Gewohnte Mahlzeiten mit Sojaprodukten zu bereichern, ist gar nicht schwer.**

► Die Kombination von Soja und Leinsamen ist besonders günstig.

Überlegen Sie, welche Rezeptideen zu Ihren Vorlieben am besten passen, und picken Sie sich aus der Vielfalt Ihre Lieblingskombinationen heraus.

Nach der Beobachtung von Prof. Ingrid Gerhard, Leiterin der Ambulanz für Naturheilkunde der Universitäts-Frauenklinik Heidelberg, hat sich eine Kombination von Soja und Leinsamen als besonders günstig erwiesen. Eine Linsensuppe mit Räuchertofu, dazu eine Scheibe Roggenvollkornbrot oder ein Sojamilchshake mit Leinsamen – auf diese Weise sind Sie mit gesunden Wirkstoffen optimal versorgt. Essen Sie außerdem zwei- bis dreimal pro Woche Linsen und andere Hülsenfrüchte.

Leinsamen, Linsen & Co.

► Damit seine wertvollen Inhaltsstoffe aufgenommen werden können, sollte Leinsamen aufgebrochen oder geschrotet sein.

Soja und Leinsamen sind, was den Phytohormongehalt angeht, die absoluten Spitzenreiter. Ja, die Phytohormone aus Leinsamen scheinen möglicherweise noch stärker ins Stoffwechselgeschehen einzugreifen als solche aus Soja. Das ergab sich jedenfalls aus einer kanadischen Studie, bei der die Teilnehmerinnen über vier Monate täglich einen Muffin aßen, der entweder gemahlene Leinsamen, Sojamehl oder keins von beiden (Placebo) enthielt. Die Frauen der Leinsamengruppe wiesen deutlich höhere 2-Hydroxyöstron-Werte auf. Dem 2-Hydroxyöstron werden besondere antiöstrogene, dem Wachstum hormonabhängiger Tumoren (z. B. Brustkrebs) entgegenwirkende Eigenschaften nachgesagt.

Beim Leinsamen handelt es sich um den Samen der Pflanze Lein oder Flachs (*Linum usitatissimum*). Es gibt goldgelben oder brau-

Kleine Linsenkunde

Die nahrhafte Hülsenfrucht *lens culinaris* wird seit Jahrtausenden kultiviert. Je nach Anbaugebiet, Größe und Farbe werden unzählige Sorten unterschieden. Einige sollte man sich merken und unbedingt ausprobieren: Die kleinen, schwarzen **Beluga-Linsen** kommen aus Kanada. Wegen ihres edlen Aromas und schwarz glänzenden Aussehens gelten sie als »vegetarischer Kaviar«.

Ebenfalls etwas für Feinschmecker sind die **Champagne-Linsen,** die – wie das edle Getränk gleichen Namens – aus der französischen Champagne stammen. Sie sind rötlich braun und leicht mehlig

Die hellbraunen bis grünen **Berglinsen** kommen aus Kanada, der Türkei und Italien, haben ein mildes Aroma und sind leicht mehlig.

Die französischen **Puy-Linsen** dagegen sind klein, grün und eher fest.

Aus Indien kommen überwiegend die kleinen **roten Linsen** mit einer lilafarbenen Schale und einem orangeroten Kern. Die im Handel angebotene Ware ist bereits geschält, deshalb lassen sich daraus auch keine Keime ziehen. Rote Linsen sind nach kurzer Zeit gar und verkochen rasch zu einem süßlich-würzigen Brei.

nen Leinsamen zu kaufen. Wichtig ist, dass er »angestoßen« ist, weil er sonst größtenteils unverdaut wieder ausgeschieden wird. Natürlich können Sie ganzen Leinsamen auch im Mörser selbst anstoßen. Schroten können Sie Leinsamen in der Getreidemühle oder auch ganz einfach in einer elektrischen Kaffeemühle. Leinsamenschrot muss frisch verzehrt, darf also nicht länger als ein, zwei Tage aufgehoben werden.

Neben den Phytohormonen enthält Leinsamen bis zu 40 Prozent Fett mit viel ungesättigten und Omega-3-Fettsäuren, ist reich an Vitamin E und Biotin, Mineralien wie Magnesium, Eisen und Mangan sowie an Ballast- und Schleimstoffen. Sie werden deshalb auch gern als mildes Abführmittel und als Tee bei Magenreizungen

► **Außer Phytohormonen enthalten Leinsamen Omega-3-Fettsäuren und wichtige Vitamine und Mineralstoffe.**

► **Leinöl ist ganz besonders herzgesund.**

eingesetzt. Leinsamen quillt stark auf. Wenn Sie ihn essen, ist es deshalb doppelt wichtig, dass Sie reichlich trinken. Im Rezeptteil finden Sie viele leckere Beispiele für seine Verwendung.

Leinsamen lässt sich übrigens auch ganz leicht im eigenen Garten anbauen. Achten Sie nur darauf, dass Sie die reifen Samen rechtzeitig ernten, sie fallen leicht von einem Tag auf den anderen auf den Boden. Bewährt hat sich, zur Erntezeit unter den Pflanzen leichte Tücher auszulegen.

Das aus Leinsamen gewonnene Leinöl (unraffiniert und kaltgepresst aus dem Reformhaus oder Naturkostladen oder direkt bei einer biologisch produzierenden Ölmühle bezogen) ist wegen seiner einmaligen Zusammensetzung (65 Prozent Omega-3-Fettsäuren) supergesund für Herz und Arterien. Kenner träufeln täglich einen Teelöffel über Salate, Kartoffeln oder Gemüsegerichte. Der hohe Gehalt an Linolensäure lässt das Öl schnell ranzig werden, deshalb lieber öfter kleine Portionen kaufen und bald verbrauchen.

Besonders reiche Quellen für Lignane:
▷ Leinsamen
▷ Linsen

Gute Quellen:
▷ Andere Hülsenfrüchte
▷ Süßkartoffeln, Knoblauch, Spargel, Brokkoli, Möhren
▷ Nüsse und Samen

Zusätzliche Quellen:
▷ Vollkornreis und Getreide, vor allem Hafer und Weizen
▷ Obst und Gemüse

Auch Linsen, Erbsen und Bohnen enthalten Lignane (und übrigens auch Isoflavone, wenn auch in viel kleineren Mengen als Sojabohnen). Der Lignangehalt ist bei Linsen dagegen etwa doppelt so hoch wie bei Sojabohnen. Unter den Hülsenfrüchten sind sie mit Abstand die reichsten Lignanquellen.

Hülsenfrüchte bilden ohnehin eine unverzichtbare Säule einer gesunden Ernährung. Sie liefern Ballaststoffe und Kohlenhydrate, haben von allen pflanzlichen Lebensmitteln den höchsten Eiweißgehalt, bieten sich deshalb in der vegetarischen Kost als ideale Fleischalternative an. Außerdem enthalten sie Mineralien

▶ **Auch heimische Hülsenfrüchte, vor allem Linsen, enthalten wertvolle Phytohormone.**

Nachtkerzenöl

Ihren Namen bekam die Nachtkerze, weil sie ihre Blütenkelche erst am Abend öffnet, um sich von Nachtfaltern bestäuben zu lassen. Ihr kostbares Öl ist eine der seltenen Quellen der für den Organismus lebensnotwendigen Gamma-Linolensäure. Bei Frauen mit prämenstruellem Syndrom (PMS) hat man einen Mangel an dieser Fettsäure festgestellt. Tatsächlich bessern sich PMS-Symptome oft, wenn regelmäßig Nachtkerzenöl genommen wird, und auch Wechseljahrebeschwerden lassen sich mit dem Öl lindern, vor allem bei Frauen, die vorher zum PMS neigten.

Besorgen Sie sich ein gutes Nachtkerzenöl aus einer biologisch produzierenden Ölmühle und träufeln Sie täglich etwa 1 Teelöffel auf Salat, Kräuterquark oder Brotaufstrich. Auf diese Weise machen Sie die Gamma-Linolensäure und alle anderen wertvollen Inhaltsstoffe des Nachtkerzenöls zu einem Teil Ihrer gesunden Ernährung.

Vor allem aber: Haben Sie einen langen Atem. Wie bei vielen anderen natürlichen Wirkstoffen auch, bedarf es beim Nachtkerzenöl einer längeren, regelmäßigen Anwendung, bis es seine wohltuende Wirkung voll entfaltet.

Warnhinweis: Bei Epilepsie und unter Behandlung einer Schizophrenie sollte Nachkerzenöl nicht eingenommen werden.

▶ Zweimal in der Woche Linsen – auch da gibt es viele neue Rezeptideen zu entdecken.

wie Eisen, Kalium, Phosphor, Magnesium und Mangan, die Vitamine C, E, K und diverse B-Vitamine. Die aus Hülsenfrüchten gezogenen Sprossen sind wahre Nährstoffpakete. Probieren Sie Linsen- und Erbsensprossen.

Lignane finden sich in geringerer Konzentration darüber hinaus noch in zahlreichen anderen heimischen Pflanzen, die ebenfalls zu einer ausgewogenen Versorgung mit Phytoöstrogenen beitragen können. Wir sehen also: Es kommt nicht nur auf Soja an. Ein möglichst bunter Cocktail gesunder pflanzlicher Lebensmittel macht's!

Fassen Sie den Vorsatz, mindestens zweimal pro Woche ein Gericht mit Linsen oder anderen Hülsenfrüchten zu essen. Dabei braucht es gar nicht immer die gute alte Linsensuppe zu sein. Experimentieren Sie mit den verschiedenen Linsenarten und lassen Sie sich durch die Beispiele im Rezeptteil zu neuen Variationen inspirieren. Sie werden erstaunt sein, was man mit der Linse und ihren Verwandten alles anstellen kann.

Knochen stärken mit Kalzium

▶ In den Wechseljahren geht es darum, einen weiteren Knochenverlust zu verhindern und die vorhandene Knochendichte zu bewahren.

Am wirksamsten ist eine knochengesunde Ernährung schon in jungen Jahren, wenn die Knochenmasse aufgebaut wird. In den Wechseljahren besteht die Aufgabe darin, einen weiteren Knochenverlust zu verhindern und die einmal erreichte Knochendichte zu wahren. Einen wichtigen Schritt haben Sie schon getan, wenn Sie täglich phytoöstrogenhaltige Lebensmittel essen. Die mild wirkenden pflanzlichen Hormone helfen den Knochen, Kalzium und andere Mineralstoffe zu halten. Die zweite Maßnahme besteht darin, Ihrem Körper reichlich Kalzium anzubieten, das er für den Knochenhaushalt so dringend braucht. Üblicherweise werden Milchprodukte als wichtigste Kalziumlieferanten genannt, doch für diese Empfehlung gibt es ebenso glühende Anhänger wie überzeugte Gegner. Außerdem gibt es Menschen, die Milch nicht vertragen und Alternativen brauchen. Gegen die Milch spricht, dass sie reich an Eiweiß ist, was die Kalziumausscheidung über den Urin begünstigt. Im gleichen Atemzug wird gern auf China verwiesen, wo keine Milch getrunken wird und trotzdem auffallend wenig Menschen an Osteoporose erkranken. Tatsächlich stellte sich in einer Studie der US-amerikanischen *Yale University* heraus, dass die Länder mit der höchsten Osteoporoserate – darunter die USA, Schweden und Finnland – die Länder sind, wo am meisten Fleisch, Milch und andere tierische Nahrungsmittel konsumiert werden. Und eine Studie des *National Institutes of Health* an der *University of California* kam zu dem Ergebnis, dass »Frauen, die das meiste Eiweiß aus tierischen Nahrungsmitteln aufnahmen, eine dreifach höhere Knochenschwundrate und eine 3,7-fach höhere Hüftfrakturrate aufwiesen als Frauen, die das meiste Eiweiß aus pflanzlichen Quellen bezogen.« Die Schlussfolgerung der Studie: »Eine erhöhte Einnahme von pflanzlichem Eiweiß und eine verringerte Einnahme von tierischem Eiweiß können Knochenschwund und das Risiko einer Hüftfraktur verringern.«

Alles in allem spricht also einiges dafür, die Eiweißaufnahme insgesamt zu verringern und vermehrt pflanzliche Kalziumquellen anzuzapfen. Wenn Sie auch weiterhin in Maßen Milch und Milchprodukte zu sich nehmen möchten (einiges spricht ja wiederum für den gesundheit-

► **Zu viel tierisches Eiweiß kann den Knochenschwund begünstigen.**

► **Empfohlen wird das Anzapfen pflanzlicher Kalziumquellen.**

▶ Sojadrink mit Kalzium oder gekochte Sojabohnen sind gute Kalziumlieferanten.

▶ Grüne Gemüse, Trockenfrüchte, Nüsse und Samen tragen ebenfalls zur Kalziumversorgung bei.

lichen Nutzen z. B. von sauren Milcherzeugnissen), sollten Sie generell auf fettarme Varianten zurückgreifen (z. B. Buttermilch, Magerjoghurt, Hartkäse) und vor allem Bioprodukte bevorzugen. Bekamen die milchgebenden Kühe Wachstumshormone und Antibiotika, könnten Reste davon in der Milch möglicherweise auf das weibliche Hormonsystem Einfluss nehmen – ein Gefahrenbereich, der bis heute noch nicht ausreichend erforscht worden ist.

Pflanzliche Kalziumquellen

Fest steht, dass wir Milch und Milchprodukte nicht unbedingt brauchen, um unseren Kalziumhaushalt aufzufüllen. Probieren Sie es z. B. mit einem selbst gemachten Sojajoghurt aus Vanille-Sojadrink mit Kalzium. Mit einem Esslöffel Leinsamen (siehe oben) verrührt, wird er für Frauen in den Wechseljahren zum wahren Powerfood. Oder essen Sie gekochte Sojabohnen – eine Tasse enthält bereits ein Fünftel der empfohlenen Kalzium-Tagesdosis.

Aber auch viele andere Gemüse enthalten reichlich Kalzium, vor allem grüne Kohlsorten wie Brokkoli, Grünkohl und Wirsing. Außerdem grüne und weiße Bohnen, Lauch, Rosenkohl und Kohlrabi, Spinat, Mangold, Fenchel, Löwenzahn, Garten- und Brunnenkresse sowie frischer Möhrensaft. Hinzu kommen Trockenfrüchte wie Feigen, Datteln, Aprikosen, Trockenbananen sowie Nüsse und Samen, vor allem Sonnenblumenkerne, Mandeln, Haselnüsse, Sesam und Sesammus (»Tahin«). Vor allem von Tahin (aus dem Reformhaus oder Naturkostladen) sollten Sie immer ein Gläschen parat haben und es in Salatsaucen, Brotaufstriche und Gemüsegerichte rühren. Ebenso nützlich ist die durch Auspressen von Bio-Zuckerrohr gewonnene Melasse (aus dem Reformhaus). Zwei Teelöffel decken schon 21 Prozent des Tagesbedarfs an Kalzium (dazu 18 Prozent des Magnesium-, 38 Prozent des Eisen- und 30 Prozent des Kaliumbedarfs). Sie hat einen leicht süßlichen, kräftigen Eigengeschmack und lässt sich sehr gut in Joghurt- oder Quarkspeisen einrühren.

▶ **Melasse und kalziumreiches Mineralwasser stärken zusätzlich die Knochen.**

Schließlich können Sie mit dem richtigen Mineralwasser zu Ihrer Kalziumversorgung beitragen. Viele Marken enthalten so viel Kalzium, dass Sie schon mit einem Liter einen Teil Ihres täglichen Bedarfs decken können. Besonders empfehlenswert ist ein Mineralwasser mit viel Kalzium (über 200 mg/l) und viel Magnesium (über 100 mg/l) im Verhältnis zwei zu eins.

Kalziumhaltige Nahrungsmittel sollten Sie möglichst über den Tag verteilt essen, damit immer genug Knochenbaustoff zur Verfügung steht. Empfehlenswert ist auch ein Kalzium-Betthupferl, um den Knochenabbau über Nacht zu bremsen. Wie wäre es z. B. mit einem Vanille-Sojajoghurt, verrührt mit einem Teelöffel Melasse?

Kalziumreiche Lebensmittel

Milch, Butter- und Schwedenmilch
Joghurt, Kefir
Hart- und Schnittkäse
Sojadrink mit Kalzium
getrocknete Feigen, Datteln
Nüsse, Sonnenblumenkerne, Mandeln
Sesam, Tahin
Kresse, Grünkohl, Spinat, Mangold
Fenchel, Brokkoli
Sojabohnen, Tofu
frischer Möhrensaft

Freundliche Begleiter

► Vitamin D fördert die Einlagerung von Kalzium in die Knochen.

Doch nicht allein das Kalzium macht's. Es gibt bestimmte Stoffe, die die Aufnahme von Kalzium fördern oder hemmen können. Für die Verwertung von Kalzium besonders wichtig ist Vitamin D. Es sorgt dafür, dass Kalzium aus dem Darm aufgenommen und in die Knochen eingelagert wird. Vitamin D direkt findet sich nur in tierischen Lebensmitteln wie Eigelb, Butter und Milch. In pflanzlichen Lebensmitteln wie Avocados, Steinpilzen, Morcheln, Margarinen und Pflanzenölen gibt es Vorstufen, die vom Körper in Vitamin D umgewandelt werden können. Vitamin D muss aber nicht unbedingt mit der Nahrung aufgenommen werden. Unter Einwirkung von UV-Licht ist der Körper fähig, das Vitamin selbst herzustellen – ein weiterer Grund dafür, sich oft im Freien aufzuhalten. Gehen Sie jeden Tag mindestens eine halbe Stunde an die frische Luft und lassen Sie Ihre Haut von der Sonne bescheinen.

► Magnesium unterstützt die Knochenbildung.

Magnesium aktiviert die zur Knochenbildung notwendigen Enzyme. Ohne Magnesium kann Kalzium nicht in die Knochen gelangen, ein Magnesiummangel verschlechtert zudem die Ausnutzung von Kalzium im Darm. Selbst eine hohe Zufuhr an Kalzium mit der Nahrung kann dann gegen Osteoporose nichts ausrichten. Gute Magnesiumquellen sind Mineralwässer (siehe oben), alle Vollkornprodukte und Hülsenfrüchte, Aprikosen, Mandeln, Paranüsse, Erdnüsse, Weizenkeime, Brokkoli, Kartoffeln, Bohnen, Linsen, Bananen, Sojabohnen, Hirse und Haferflocken. Darunter finden sich zahlreiche, inzwischen alte Bekannte. Wir sehen: Mit einer auf Vollkornprodukten, Hülsenfrüchten, Gemüse und Obst gestützten Ernährung können wir wirklich nichts falsch machen.

Schließlich ist Kieselsäure am Aufbau von Knochen und Knorpeln beteiligt. Bei der Versorgung mit Kieselsäure hat die Hirse ihren großen Auftritt, da sie von allen pflanzlichen Lebensmitteln am meisten von diesem wichtigen Spurenelement beisteuern kann. Die zu den ältesten Getreidearten zählende, glutenfreie Hirse enthält außerdem noch die Vitamine B_1, B_2, A und C, Kalium, Magnesium, Natrium, Fluor und Eisen. Neben Hafer gilt sie als Getreide mit dem höchsten ernährungsphysiologischen Wert. In der Vollwerternährung wird sie deshalb ganz besonders geschätzt. Aus Hirsemehl können Sie z. B. Breie und Gebäcke herstellen, aus dem ganzen Hirsekorn süße und herzhafte Aufläufe zubereiten. Hirseflocken im Frühstücksmüsli sorgen schon gleich am Morgen für einen knochengesunden Start in den Tag.

▶ **Kieselsäure stärkt den Knochenaufbau.**

Kalziumräuber

Andere Stoffe wiederum sind eher schlecht für die Kalziumaufnahme. Zu viel Salz z. B. bindet Kalzium und steigert bei Frauen in den Wechseljahren die Kalziumausscheidung über die Niere. Deshalb sollten Sie grundsätzlich nicht zu stark salzen und auf verstecktes Salz in Fertiggerichten achten. Phosphate behindern die Kalziumaufnahme über den Darm und die Kalziumeinlagerung in die Knochen. Man findet sie in Fertiggerichten, Schmelzkäse und Colagetränken.

▶ **Salz, Phosphate und Oxalsäure sind berüchtigte Kalziumräuber.**

Auch die in Rhabarber, Spinat und Mangold enthaltene Oxalsäure behindert die Kalziumverwertung, weshalb diese Gemüse nicht allzu oft gegessen werden sollten.

Alkohol hemmt die Vitamin-D-Aktivität, Kaffee steigert die Kalziumausscheidung über

▶ Zu viel Alkohol und Kaffee, aber auch Weizenkleie, treiben Raubbau an den Knochen.

die Niere. Und Weizenkleie, die viele Frauen zum Abführen nehmen, enthält viel Phytin aus den randnahen Schichten des Weizenkorn, was ebenfalls die Kalziumausnutzung vermindert. Alle diese Nahrungs- und Genussmitteln brauchen und sollten Sie nicht rigoros von Ihrem Speiseplan streichen. Maßhalten und ein möglichst abwechslungsreicher Speisezettel sind jedoch durchaus angebracht.

Zu den raffiniertesten Kalziumräubern gehört allerdings die innere Schweinehündin, die uns dazu verführen will, allzu oft und ausgiebig auf dem Sofa zu lümmeln. Bewegung ist unerlässlich, um die Knochen zu kräftigen und zu schützen. Zudem gibt sie Kraft und stärkt den Gleichgewichtssinn, und das ist wichtig zur Verbeugung von Stürzen. Außerdem: Wenn man sich so richtig verausgabt hat, lassen sich die Beine anschließend umso genussvoller hochlegen!

Herz und Gefäße mit gesunden Fetten schützen

Das Risiko für Herz-Kreislauf-Erkrankungen, die Todesursache Nummer eins bei Frauen, können wir dramatisch verringern, indem wir nicht rauchen, uns viel bewegen und uns herzgesund ernähren. Dazu gehört erstens, weniger Fett zu essen und zweitens bei dem Fett, das wir zu uns nehmen, auf gesunde, hochwertige Quellen zu achten.

▶ »Fettarm, aber nicht fettfrei essen« heißt die Devise.

Höchstens ein Drittel der täglich verzehrten Kalorien sollten Fettkalorien sein. Um dies zu erreichen, müssen wir vor allem auf versteckte Fette (z. B. in Kuchen und Fertiggerichten) achten. Wir sollten fettarme Milchprodukte wählen, uns vermehrt fettarme Eiweißquellen (z. B. Hülsenfrüchte) erschließen und die Fettzugaben beim Kochen, Braten und Backen konsequent reduzieren.

Fett*arm* heißt aber nicht fett*frei*. Wenn wir zu wenig Fett essen, können uns wichtige Nährstoffe, darunter wichtige Ausgangsstoffe für die Hormonbildung, fehlen. Außerdem entfalten einige Fettsäuren ausgesprochen günstige Wirkungen auf das Herz-Kreislauf-System. Dies gilt vor allem für die einfach und mehrfach ungesättigten Fettsäuren, wie sie in den meisten pflanzlichen Ölen vorkommen. Sie erhöhen den Anteil des »guten« HDL-Cholesterins im Blut, senken den des eher ungünstigen LDL-Cholesterins und wirken dadurch der Plaquebildung in den Arterien entgegen. Besondere herzschützende Eigenschaften werden dem in der gesunden Mittelmeerküche so wichtigen Olivenöl zugeschrieben. Ein gutes, kaltgepresstes Olivenöl aus kontrolliert-biologischem Anbau sollten Sie

▶ Gesunde pflanzliche Fette sind lebenswichtig und schützen das Herz.

Tomatensauce

Hohe Konzentrationen des bioaktiven Pflanzenstoffs Lykopin im Blut schützen vor Herz-Kreislauf-Erkrankungen – das ergab eine Untersuchung im Rahmen der amerikanischen *Women Health Study* über knapp 1000 gesunde Frauen über 50 Jahren. Das zu den Carotinoiden zählende Lykopin ist ein wirksames Antioxidans, das möglicherweise die Blutgefäße vor schädlichen Veränderungen schützen kann. Lykopin ist vor allem in Tomaten und Tomatenprodukten wie Tomatensaft, Tomatensauce und Ketchup, aber auch in Wassermelonen, rosa Grapefruits, Papayas und Aprikosen enthalten. Wer diese Produkte häufig isst, hat in der Regel auch hohe Lykopinspiegel im Blut aufzuweisen. Vor allem der Verzehr von Tomatensauce spiegelte sich in den Blutwerten wider. Frauen mit höherem Lykopinspiegel hatten ein um 50 Prozent gesenktes Risiko für Herz-Kreislauf-Erkrankungen. Lykopin ist auch als Schutzfaktor für manche Krebsarten (z. B. Prostatakrebs) im Gespräch. Zu bedenken ist aber, dass Lykopin möglicherweise nur ein Marker für weitere, gleichzeitig mit Lykopin in bestimmten Nahrungsmitteln vorkommende gesundheitsfördernde Stoffe sein könnte. Solange wir reichlich Tomatensauce essen, können wir also nichts falsch machen.

▶ **Oliven-, Raps-, Walnuss-, Soja- und Leinöl sorgen für einen niedrigen Cholesterinspiegel.**

stets zur Hand haben. Verwenden Sie zusätzlich zur Abwechslung Raps-, Walnuss-, Soja- und Leinöl, um Ihrem Körper ein breites Angebot an Fettsäuren zu bieten.

Homocystein und Vitamin B$_{12}$

Neben einem hohen Cholesterin- ist heute auch ein hoher Homocysteinspiegel als eigenständiger Risikofaktor für Herz-Kreislauf-Erkrankungen anerkannt. Homocystein ist eine Aminosäure, die der Körper selbst beim Eiweißstoffwechsel herstellt und die in hoher Konzentration Gefäßwände schädigen sowie die Bildung von Blutgerinnseln fördern kann. Phytohormone können helfen, den Homocysteinspiegel niedrig zu halten. Sehr wichtig ist aber auch eine ausreichende Versorgung mit Vitamin B_{12} und Folsäure. Reichlich frisches Obst und Gemüse liefern Folsäure, ein Vitamin, das oft zu wenig aufgenommen wird. Bei einem Mangel an Vitamin B_{12} kann das Herzinfarktrisiko steigen. Vitamin B_{12} wird von Bakterien im Organismus von Tieren erzeugt und ist deshalb ausschließlich in Lebensmitteln tierischen Ursprungs wie Fleisch, Milchprodukten und Eiern zu finden. Die Behauptung, man fände es auch in Sauerkraut, Algen oder Miso, ist falsch, da es sich dabei um inaktive, für unseren Körper nicht verwertbare Formen handelt. Bei Ovo-Lakto-Vegetarierinnen, die in Maßen auch Milchprodukte und Eier essen, ist der Bedarf gedeckt.

► **Phytohormone, Folsäure und Vitamin B_{12} beeinflussen den Homocysteinwert positiv.**

Vitamin E

Vitamin E ist ein wichtiges Antioxidans, d. h., es schützt unsere Körperzellen vor freien Radikalen und Sauerstoffradikalen, die durch Stoffwechselvorgänge entstehen oder aus der Umwelt aufgenommen werden und Krankheiten, womöglich auch Krebs, auslösen können – eine Fähigkeit, die es mit den Vitaminen A und C gemeinsam hat. Vitamin E beeinflusst außerdem Fett- und Eiweißstoffwechsel, unterstützt das Immunsystem und verhindert das Verklumpen von Blutplättchen.

Beobachtet wurde, dass die Eierstöcke sehr empfindlich auf einen Mangel an Vitamin E reagieren. Umgekehrt berichten Frauen von positiven Wirkungen besonders Vitamin-E-haltiger Lebensmittel auf Hitzewallungen und trockene Schleimhäute. Auch das Einreiben mit Vitamin E-haltigen Ölen (z. B. Weizenkeimöl) hat sich als lindernd erwiesen.

Vitamin E kommt ausschließlich in Pflanzen vor, in besonders hoher Konzentration in Weizenkeimen. Alle Arten von Pflanzenölen enthalten große Vitamin-E-Mengen; andere Quellen sind Butter und Margarine, Nüsse und Gemüse wie (Soja-)Bohnen, Grünkohl, Schwarzwurzeln und Spargel.

▶ Haferkleie kann den LDL-Cholesterinwert senken.

Veganerinnen, die sich rein pflanzlich ernähren, sollten Vitamin B$_{12}$ unbedingt per Nahrungsergänzung zuführen.

Leckere Cholesterinsenker

Einige Lebensmittel haben sich als besonders wirksame Cholesterinsenker erwiesen. Dazu gehört z. B. die Haferkleie, die die LDL-Cholesterinwerte um bis zu 20 Prozent reduzieren kann. Schlüsselsubstanz ist der Hafer-Ballaststoff *Beta-Glukan*. Der Verzehr von 50 g Haferkleie pro Tag wird deshalb empfohlen. Haferkleie können wir über Müsli, Joghurt oder Quarkspeisen streuen oder in Bratlinge-, Brot- und Kuchenteige einschmuggeln. Kurz mit Wasser aufgekocht und mit Sojamilch angegossen, ergibt die Haferkleie einen leckeren warmen Frühstücksbrei (siehe Rezeptteil).

▶ Rotwein (oder roter Traubensaft) und dunkle Schokolade sind ebenfalls gut fürs Herz.

Worauf die vor allem in Frankreich beobachtete cholesterinsenkende Wirkung von Rotwein zurückgehen könnte, ist nach wie vor umstritten. Es gibt viele Theorien. Eine macht das Isoflavon Resveratrol verantwortlich, das in den Schalen roter Trauben enthalten ist. (Dies könnte auch erklären, warum Weißwein nicht die gleiche Wirkung hat.) Der Phytohormongehalt im Rotwein schwankt je nach Keltermethode, Bordeaux soll angeblich am meisten enthalten. Wer keinen Rotwein trinken mag, holt sich roten Traubensaft aus dem Reformhaus oder Naturkostladen.

Eine gute Nachricht für Naschkatzen: Auch Schokolade ist gut fürs Herz! Zwar gilt dies nicht für die Vollmilch-Nougat-Variante mit Krokant und Marzipan, sondern nur für die edlen, dunklen Zartbittersorten ab 65 Prozent

Kakaoanteil aufwärts. Dafür können wir uns davon aber mit Genuss täglich ein, zwei Stücke auf der Zunge zergehen lassen. Sie enthalten Flavonoide, die die Bildung des »guten« HDL-Cholesterins fördern, sowie Antioxidanzien, die Zellen vor freien Radikalen schützen.

Schließlich begegnet uns auf der Ehrentribüne der verdienten Cholesterinsenker auch unsere gute alte Bekannte, die Sojabohne, wieder. In Ländern mit regelmäßigem Sojaverzehr sind die Raten von Herz-Kreislauf-Erkrankungen ungewöhnlich niedrig. In Shanghai z. B. liegt der durchschnittliche Cholesterinspiegel bei 165, in den USA bei über 200. 1995 ergab die wichtige Anderson-Studie, dass Soja nicht nur das eher schädliche LDL-Cholesterin senkt, sondern auch das positiv wirkende HDL-Cholesterin erhöht. Mittlerweile zeigten über 50 Studien weltweit, dass Soja einer Arteriosklerose vorbeugen kann. Die US-amerikanische Gesundheitsbehörde FDA erklärte 1999: »Es ist erwiesen, dass Sojaeiweiß in einer Ernährung mit wenig gesättigten Fettsäuren und Cholesterin das Risiko, an koronaren Herzkrankheiten zu erkranken, vermindern kann.«

So schließt sich der Kreis: Es scheint eine Reihe von Lebensmitteln zu geben, die für uns in den Wechseljahren in mehrfacher Hinsicht besonders günstig sind. Fassen wir diese Lebensmittel noch einmal in einer Positivliste zusammen. Und gehen wir dann daran, sie mit all ihren gesundheitsfördernden Inhaltsstoffen in leckeren Vorspeisen, Suppen, Salaten, Hauptgerichten und Desserts, Getränken, Frühstücksbreien, Broten und Kuchen zu verpacken. Auf dass wir für alle Wechselfälle der Wechseljahre auch kulinarisch bestens gewappnet sind!

▶ **Auch die Sojabohne gehört als echter Alleskönner zu den wirksamsten Cholesterinsenkern.**

▶ **Insgesamt scheint in den Wechseljahren eine Reihe bestimmter Lebensmittel besonders förderlich für die Gesundheit zu sein.**

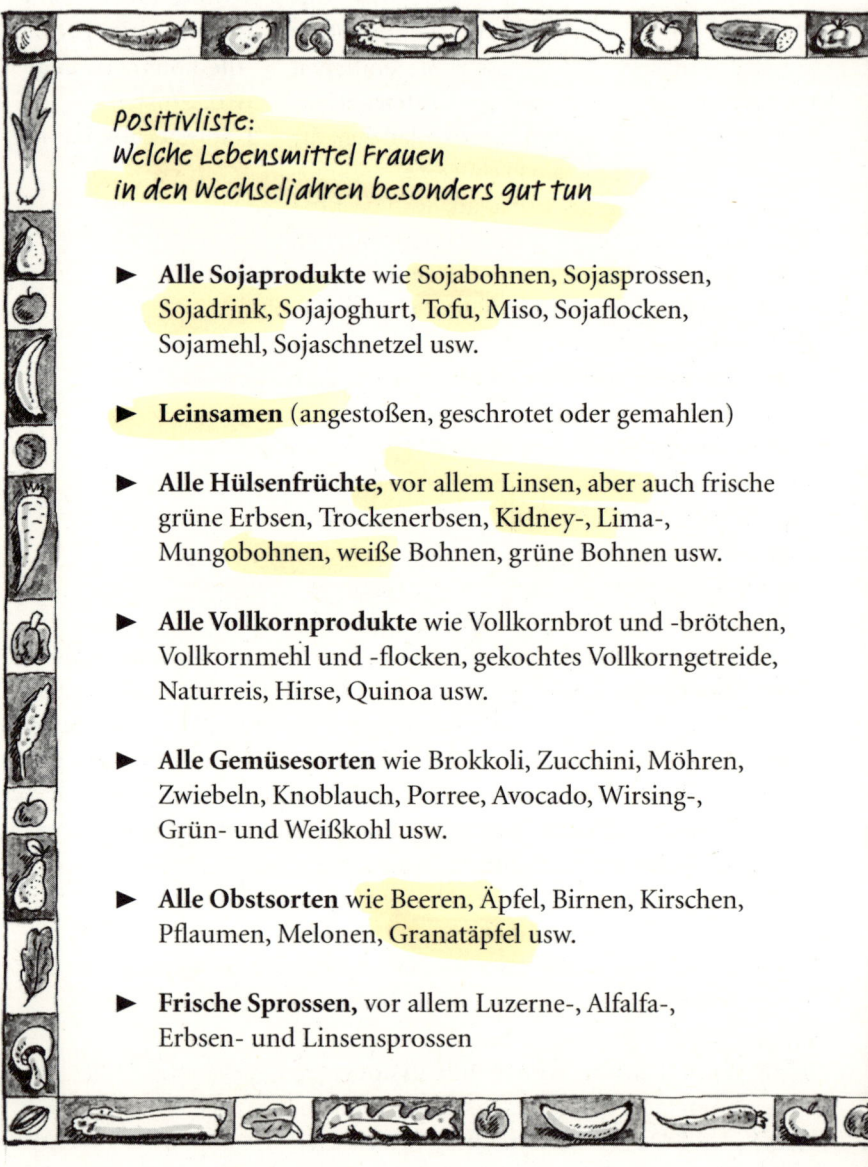

Positivliste:
Welche Lebensmittel Frauen
in den Wechseljahren besonders gut tun

► **Alle Sojaprodukte** wie Sojabohnen, Sojasprossen, Sojadrink, Sojajoghurt, Tofu, Miso, Sojaflocken, Sojamehl, Sojaschnetzel usw.

► **Leinsamen** (angestoßen, geschrotet oder gemahlen)

► **Alle Hülsenfrüchte,** vor allem Linsen, aber auch frische grüne Erbsen, Trockenerbsen, Kidney-, Lima-, Mungobohnen, weiße Bohnen, grüne Bohnen usw.

► **Alle Vollkornprodukte** wie Vollkornbrot und -brötchen, Vollkornmehl und -flocken, gekochtes Vollkorngetreide, Naturreis, Hirse, Quinoa usw.

► **Alle Gemüsesorten** wie Brokkoli, Zucchini, Möhren, Zwiebeln, Knoblauch, Porree, Avocado, Wirsing-, Grün- und Weißkohl usw.

► **Alle Obstsorten** wie Beeren, Äpfel, Birnen, Kirschen, Pflaumen, Melonen, Granatäpfel usw.

► **Frische Sprossen,** vor allem Luzerne-, Alfalfa-, Erbsen- und Linsensprossen

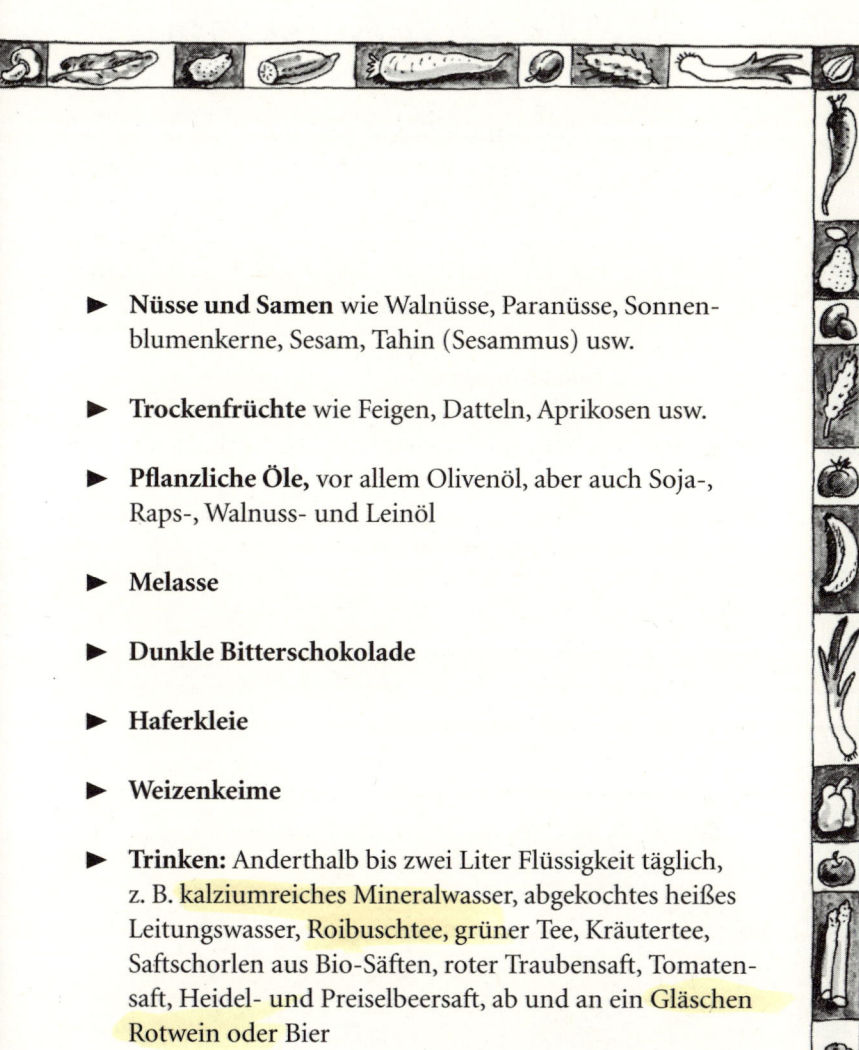

▶ **Nüsse und Samen** wie Walnüsse, Paranüsse, Sonnenblumenkerne, Sesam, Tahin (Sesammus) usw.

▶ **Trockenfrüchte** wie Feigen, Datteln, Aprikosen usw.

▶ **Pflanzliche Öle,** vor allem Olivenöl, aber auch Soja-,
Raps-, Walnuss- und Leinöl

▶ **Melasse**

▶ **Dunkle Bitterschokolade**

▶ **Haferkleie**

▶ **Weizenkeime**

▶ **Trinken:** Anderthalb bis zwei Liter Flüssigkeit täglich,
z. B. kalziumreiches Mineralwasser, abgekochtes heißes
Leitungswasser, Roibuschtee, grüner Tee, Kräutertee,
Saftschorlen aus Bio-Säften, roter Traubensaft, Tomaten-
saft, Heidel- und Preiselbeersaft, ab und an ein Gläschen
Rotwein oder Bier

Hinweise zu den Rezepten

Portionsgrößen
Soweit nicht anders angegeben, sind die Rezepte für 4 Personen berechnet. Die ganze Familie kann mitessen, denn die verwendeten Lebensmittel sind für Frauen jeden Alters und auch für Männer und Kinder gesund.

Backtemperaturen
Die angegebenen Temperaturen sind Richtwerte für Elektroherde, sie können je nach verwendetem Backofen abweichen.

Abkürzungen
EL = Esslöffel
TL = Teelöffel
MSP = Messerspitze

Rezepte

Gesunder Start: Das gute Frühstück

(Alle Frühstücksrezepte für **eine** Person)

Frauenpower-Müsli

Alle Zutaten in einer großen Müslischale vermischen, mit Sojadrink angießen und in aller Ruhe beim Zeitunglesen löffeln.

150 g Sojajoghurt, Vanille
½ Banane, in Scheiben geschnitten
1 Kiwi, geschält und klein geschnitten
½ Apfel, entkernt und klein geschnitten
3 ganze Mandeln
1 EL Weizenkeime
1 EL Haferkleie
1 EL heller Leinsamen, aufgebrochen
2 EL Fünfkornflocken
1 TL Nachtkerzenöl
etwas Sojadrink mit Kalzium

Bananenschaummüsli

Leinsamen, Kokosflocken und Mandarinenstückchen mischen und mit dem Joghurt verrühren. Banane im Mixer oder mit dem Pürierstab schaumig pürieren und über das Müsli gießen.

4 EL heller Leinsamen, aufgebrochen
2 EL Koskosflocken
1 Mandarine, geschält und klein geschnitten
150 g Sojajoghurt, Vanille
1 Banane

Frischkornmüsli

50 g frisch geschrotetes
Getreide (z. B. Weizen),
über Nacht im Soja-
joghurt eingeweicht
150 g Sojajoghurt Vanille
1 EL heller Leinsamen,
aufgebrochen
1 EL Sanddornsaft
1 TL Nachtkerzenöl
1 TL Mandelmus
1 Apfel oder eine Banane,
klein geschnitten
etwas Sojadrink mit
Kalzium
2 EL Sojaflocken

Das eingeweichte Getreide mit Sanddornsaft, Öl, Mandelmus und frischem Obst mischen. Nach Bedarf mit Sojadrink angießen und mit den Sojaflocken bestreuen.

Die Mutter aller Müslis! Im frisch geschroteten Getreide bleiben Eiweiß, Vitamine, Mineralstoffe und sekundäre Pflanzenstoffe am besten erhalten und das unerhitzte Getreideschrot macht lange satt. Die Sojaflocken geben dem sonst eher breiigen Frischkornmüsli einen knusprigen Touch.

Warmer Weizenbrei mit Haferkleie

25 g Weizenschrot
25 g Haferkleie
150 ml Wasser
1 TL Leinöl
1 getrocknete Feige,
klein geschnitten
½ Apfel, grob gerieben
1 EL heller Leinsamen,
aufgebrochen
warmer Sojadrink
nach Belieben

Weizenschrot und Haferkleie in Wasser einige Minuten leise köcheln und anschließend noch etwas nachquellen lassen. Mit dem Öl verrühren und mit der Feige, dem Apfel und dem Leinsamen bestreuen. Je nach Geschmack mit warmem Sojadrink angießen.

Warmer Hirsebrei

Hirse in Wasser etwa 15 Minuten leise köcheln und anschließend noch etwas nachquellen lassen. Mit Mandelmus, Öl und Aprikosen verrühren, mit Leinsamen und Orangenstücken bestreuen. Je nach Geschmack mit warmem Sojadrink angießen.

50 g Hirse
100 ml Wasser
1 EL Mandelmus
1 TL Leinöl
3 getrocknete Aprikosen,
  klein geschnitten
1 EL heller Leinsamen,
  aufgebrochen
1 Orange, geschält und
  klein geschnitten
warmer Sojadrink
  nach Belieben

Sprossenmüsli

Sprossen mit den übrigen Zutaten mischen und mit dem Saft angießen.

Ein knackig-erfrischendes Frühstück für den Sommer!

25 g Linsensprossen
25 g Alfalfa-Sprossen
1 TL Sonnenblumenkerne
1 TL heller Leinsamen,
  aufgebrochen
1 EL Rosinen
5 ganze Haselnüsse
1 Apfel, frisch geraspelt
1 TL Leinöl
100 g Erdbeeren
  (oder anders Obst der
  Jahreszeit),
  klein geschnitten
frisch gepresster
  Orangensaft

Leckeres aufs Brot

Helgas Leinölquark

300 g Magerquark
200 g Seidentofu
5 – 8 EL frisches Leinöl
 (je nach Geschmack)
Salz
Pfeffer
1 Bund Schnittlauch,
 fein geschnitten

Quark und Tofu mischen und Leinöl einrühren, bis die Masse glattweich und gelblich ist. Mit Salz und Pfeffer abschmecken. Zum Schluss den Schnittlauch unterziehen. Abdecken und mindestens eine Stunde (noch besser über Nacht) ziehen lassen.

Der Leinölquark schmeckt auch mit Pellkartoffeln und grünem Salat.

Tomaten-Schafskäse-Creme

5 Tomaten
200 ml Tomaten- oder
 Gemüsesaft
100 g Schafskäse
125 g Seidentofu
125 g Magerquark
1 große Zwiebel, gehackt
Salz
Pfeffer
1 Hand voll Salbei- oder
 glatte Petersilienblätter

Die Tomaten mit kochendem Wasser übergießen und schälen. Mit dem Saft, dem Schafskäse, dem Tofu und dem Quark im Mixer oder mit dem Pürierstab fein pürieren. Zwiebel unterrühren und mit Salz und Pfeffer abschmecken. Mit Salbei- oder Petersilienblättchen garnieren.

Tofutella

Butter oder Margarine mit dem Honig schaumig rühren, Seidentofu und Kakao zugeben und zuletzt die Haselnüsse unterziehen. Mit Vanille abschmecken und eventuell noch mit etwas Honig nachsüßen. Tofutella können Sie im Kühlschrank einige Tage aufbewahren.

1 EL weiche Butter
  oder Margarine
1 EL Honig
100 g Seidentofu
2 gehäufte TL Kakao
50 g Haselnüsse,
  fein gemahlen
¼ TL Vanille, gemahlen

Ein gesunder Aufstrich für das Sonntagsfrühstück.

Guacamole (Avocadocreme)

Avocado mit der Gabel fein zerdrücken und sofort mit dem Zitronensaft beträufeln. Tofu unterrühren, bis eine weiche, lockere Creme entsteht. Knoblauch und Tomatenwürfel unterziehen und mit grüner Tabascosauce, Kräutersalz und buntem Pfeffer kräftig würzen.

200 g reife Avocado
1 TL Zitronensaft
100 g Seidentofu
1 Knoblauchzehe,
  zerdrückt
1 Tomate, gehäutet,
  entkernt und ganz fein
  gewürfelt
einige Spritzer grüne
  Tabascosauce
Kräutersalz
bunter Pfeffer,
  frisch gemahlen

Die köstliche Avocadocreme ist ein Klassiker der mexikanischen Küche. Genießen Sie sie als Brotaufstrich oder als Dip – ganz stilecht mit Tortilla Chips.

Olivencreme

125 g Seidentofu
125 g Magerquark
50 g Schafskäse
1 EL Olivenöl
10 grüne Oliven ohne Stein
1 Knoblauchzehe,
  zerdrückt
1 Spritzer grüne
  Tabascosauce
Kräutersalz
bunter Pfeffer,
  frisch gemahlen
glatte Petersilienblättchen
  zum Garnieren

Alle Zutaten außer Salz, Pfeffer und Petersilie im Mixer oder mit dem Pürierstab pürieren und mit Salz und Pfeffer abschmecken. Mit Petersilienblättchen garnieren.

Die Olivencreme ist auch als Dip oder als Füllung für ausgehöhlte Kirschtomaten einsetzbar. Ein echter Knüller für Olivenfans!

Baba Ghanoush
(Nahöstliche Auberginen-Creme)

1 kleine Aubergine
  (ca. 500 g)
1 große Knoblauchzehe
2 EL frischer Zitronensaft
100 g Seidentofu
2 TL Tahin (Sesammus)
Salz
Pfeffer
1 Schalotte, in feine Ringe
  geschnitten
1 EL Petersilie,
  fein geschnitten

Die ganze, ungeschälte Aubergine im Backofen bei 220 °C etwa 25 Minuten weich backen und abkühlen lassen. Abziehen und grob würfeln. Mit Knoblauch, Zitronensaft, Tofu und Tahin mischen und im Mixer oder mit dem Pürierstab pürieren. Mit Salz und Pfeffer abschmecken und mit Schalottenringen und Petersilie garnieren. Schmeckt lecker zu frischem Fladenbrot oder Baguette.

Tofu-Kräuter-Quark

Tofu und Quark mit dem Öl im Mixer oder mit dem Pürierstab pürieren. Zwiebel, Knoblauch und Kräuter unterziehen und mit Kräutersalz und Pfeffer abschmecken. Mit essbaren Blüten verzieren.

Schmeckt lecker zu Pellkartoffeln oder aufs Vollkornbrot.

125 g Seidentofu
125 g Magerquark
1 EL Olivenöl
1 Zwiebel,
  sehr fein gehackt
½ Knoblauchzehe,
  zerdrückt
1 Bund gemischte Kräuter
  (z. B. Schnittlauch,
  Petersilie, Dill,
  Liebstöckel, Estragon),
  fein gewiegt
Kräutersalz
bunter Pfeffer,
  frisch gemahlen
eventuell 1 Hand voll
  essbare Blüten aus dem
  Kräuterbeet
  (z. B. Borretsch, Schnitt-
  lauch, Oregano, Ysop,
  Kapuzinerkresse)

Gutes aus dem Suppentopf

Sojabohnensuppe

100 g getrocknete
Sojabohnen,
über Nacht eingeweicht
1 Zwiebel, gewürfelt
1 Knoblauchzehe,
zerdrückt
2 EL Olivenöl
1 l Gemüsebrühe
350 g buntes Suppen-
gemüse je nach Saison
und Vorratslage,
klein geschnitten
Salz
Pfeffer
Tamari-Sojasauce
2 – 3 EL Petersilie

Braucht Einweichzeit!

Sojabohnen in reichlich frischem Wasser aufsetzen und etwa 2 ½ Stunden kochen. Gekochte Sojabohnen abtropfen lassen und mit kaltem Wasser abspülen. Zwiebel und Knoblauch im Öl glasig dünsten und mit der Brühe ablöschen. Gemüse zugeben und 15 – 20 Minuten köcheln lassen. Die fertige Suppe mit Salz, Pfeffer und ein wenig Sojasauce abschmecken und mit der Petersilie bestreuen.
Dazu schmeckt ein deftiges Roggenvollkornbrot.

Linseneintopf mit Räuchertofu

Braucht Einweichzeit!

Die eingeweichten Linsen abgießen und mit der Zwiebel in der Gemüsebrühe etwa 45 Minuten garen lassen. Suppengrün und Kartoffeln einrühren und weitere 20 Minuten kochen. Räuchertofu zugeben, mit Salz und Pfeffer abschmecken und mit Petersilie bestreuen. Am Tisch kann dann jede/r die Suppe nach persönlichem Geschmack mit Sojasauce und/oder Apfelessig abschmecken.

250 g braune Linsen,
über Nacht eingeweicht
1 große Zwiebel,
grob gehackt
1 l Gemüsebrühe
2 Bund Suppengrün,
klein geschnitten
4 Kartoffeln, geschält und
grob gewürfelt
400 g Räuchertofu, in
dicke Streifen geschnitten
Salz
Pfeffer
½ Bund Petersilie,
fein gehackt
Tamari-Sojasauce
Apfelessig

Misosuppe

Wasser zum Kochen bringen, vom Herd nehmen. 4 – 5 EL Wasser herausschöpfen, mit zwei EL Miso verrühren und wieder zurückgeben. Kosten und eventuell mit etwas mehr Miso nachwürzen. (Da die einzelnen Misosorten sehr unterschiedlich würzen, lässt sich keine genaue Menge angeben. Probieren Sie aus, welche Sorte Ihnen am besten schmeckt.) Nicht mehr aufkochen! Mit den Sprossen bestreuen.

1 l Wasser
3 – 4 EL Miso
4 EL Alfalfa- oder
Luzernesprossen

Die Alternative zur hergebrachten Kraftbrühe – nahrhaft und gesund!

Tofucremesuppe

2 Zwiebeln, gehackt
600 g mehlig oder vor-
   wiegend fest kochende
   Kartoffeln, geschält und
   in Würfel geschnitten
2 EL Butter oder
   Margarine
½ l Gemüsebrühe
⅜ l Milch
200 g Seidentofu
3 EL Soja»sahne«
Salz
Pfeffer
2 Lauchzwiebeln, in feine
   Ringe geschnitten
4 TL Leinsamen,
   frisch geschrotet

Zwiebeln und Kartoffeln in der Butter oder Margarine andünsten. Brühe und Milch zugießen, zum Kochen bringen und 20 Minuten köcheln lassen. Tofu zugeben und die Suppe im Mixer oder mit dem Pürierstab pürieren. Soja»sahne« einrühren und mit Salz und Pfeffer abschmecken. In Suppenteller geben und mit Lauchzwiebelringen und Leinsamen bestreuen.

> Ein ganz feines Süppchen, absolut festmahltauglich!

Sahnige Linsensuppe

100 g braune Linsen
1 l Gemüsebrühe
Saft einer halben Zitrone
100 ml Schlagsahne
1 Bund frische Kräuter,
   fein gehackt
Salz
Pfeffer

Linsen in der Brühe und dem Zitronensaft etwa 45 Minuten weich garen. Sahne und Kräuter untermischen und mit Salz und Pfeffer abschmecken.

Kürbis-Linsen-Suppe

Zwiebel im Olivenöl glasig dünsten, Kürbiswürfel zugeben und einige Minuten mitdünsten lassen. Gemüsebrühe angießen, zum Kochen bringen und etwa 10 Minuten kochen lassen. Linsen zugeben und weitere 10 Minuten kochen lassen, bis die Linsen weich sind. Tabasco und Tahin zugeben und die Suppe im Mixer oder mit dem Pürierstab pürieren. In Suppenteller geben und mit je einem EL Soja»sahne« und Sprossen garnieren.

Dazu schmeckt frisch aufgebackenes Fladenbrot.

1 Zwiebel, fein gehackt
1 EL Olivenöl
500 g Kürbisfleisch,
  gewürfelt
1 l Gemüsebrühe
125 g rote Linsen
einige Spritzer rote
  Tabascosauce
1 EL Tahin (Sesammus)
4 EL Soja»sahne«
4 EL Alfalfa- oder
  Luzernesprossen

Linsensprossensuppe

Die Gemüsebrühe erhitzen, aber nicht kochen lassen. Herdplatte abstellen, alle Zutaten einrühren und auf der warmen Herdplatte 15 Minuten ziehen lassen.

Dazu passt Knoblauch-Baguette.

1 l Gemüsebrühe
4 EL Linsenkeime
4 EL Knollensellerie,
  frisch gerieben
4 EL Leinsamen,
  frisch geschrotet
½ TL Kräuter der Provençe
1 TL Meerrettich, gerieben
2 EL Leinöl

Linsen-Kokos-Suppe

1 Zwiebel, gehackt
1 Knoblauchzehe,
  zerdrückt
1 EL Sonnenblumenöl
200 g rote Linsen
1 TL Currypulver
1 l Gemüsebrühe
1 unbehandelte Orange
50 ml Kokosmilch
Salz
Pfeffer
50 g Kokos-Chips

Zwiebel und Knoblauch im Öl andünsten, Linsen kurz mitdünsten lassen und mit Currypulver bestäuben. Gemüsebrühe angießen und bei schwacher Hitze etwa 20 Minuten köcheln lassen. Orange heiß abwaschen und die Hälfte der Schale fein abreiben. Von der restlichen Schale zum Garnieren einige sehr feine Streifen abschneiden. Orangen auspressen. Orangenschale und -saft sowie die Kokosmilch in die Suppe einrühren, im Mixer oder mit dem Pürierstab pürieren und mit Salz und Pfeffer abschmecken. Die Suppe auf Teller verteilen und mit Orangenschalenstreifen und Kokos-Chips garnieren.

Einfach und raffiniert zugleich. Der ideale Auftakt zu einem festlichen Menü.

Linsen-Curry-Suppe

1 Zwiebel, fein gehackt
1 Knoblauchzehe,
  zerdrückt
1 EL Olivenöl
1 EL Currypulver
2 Kartoffeln, fein gewürfelt
2 große Möhren,
  fein gewürfelt
3 Stängel Staudensellerie, in
  feine Streifen geschnitten
50 g rote Linsen
200 g Tomaten, überbrüht,
  enthäutet und gewürfelt
1 l Gemüsebrühe
Salz
Pfeffer

Zwiebel und Knoblauch im Öl glasig dünsten. Currypulver, Kartoffeln, Möhren und Sellerie einrühren und kurz mitdünsten lassen. Zum Schluss Linsen, Tomaten und Gemüsebrühe zugeben und etwa 20 Minuten leise köcheln lassen. Mit Salz und Pfeffer abschmecken.

Knackige Salate

Chicoréeschiffchen mit Tofu-Senf-Dressing

Chicorée der Länge nach halbieren und den Strunk vorsichtig keilförmig herausschneiden. Mit dem Schneebesen Öl und Senf verrühren. Tofu, Zitronensaft und Parmesan zugeben, mit Salz, Pfeffer und Zucker abschmecken. Auf die Schnittfläche der Chicorée je einen Klecks Senfsauce geben, mit den Tomatenstreifen verzieren.

4 Chicorée
1 TL Olivenöl
1 TL Senf
100 g Seidentofu
1 TL Zitronensaft
1 EL Parmesan,
  frisch gerieben
Salz
Pfeffer
1 Prise Zucker
4 in Öl eingelegte, getrocknete Tomaten, in dünne Streifen geschnitten

Salat einmal anders. Besonders dekorativ auf einem großen runden Teller als Beilage oder als Fingerfood auf dem kalten Büfett.

Rapunzelsalat mit gerösteten Sojabohnen

Rapunzelsalat gründlich waschen und trockenschleudern (ist er noch zu nass, nimmt er das Dressing nicht an). Öl, Sojasauce und Essig verquirlen, mit Kräutersalz würzen und unter den Salat heben. Mit den gerösteten Sojabohnen bestreuen.

200 g Rapunzel
  (Feldsalat)
1 EL Olivenöl
1 EL Tamari-Sojasauce
1 EL Balsamico-Essig
Kräutersalz
4 EL geröstete Sojabohnen

Sojabohnen-Weizen-Salat mit Granatapfelkernen

80 g getrocknete Soja-
bohnen (über Nacht
eingeweicht)
150 g Weizenkörner
(über Nacht eingeweicht)
150 g grüne Erbsen,
frisch oder tiefgefroren
2 EL Olivenöl
1 EL Tamari-Sojasauce
1 EL Balsamico-Essig
Salz
Pfeffer
ausgelöste Kerne aus
einem Granatapfel

Braucht Einweichzeit!

Sojabohnen in frischem Wasser 2 – 3 Stunden garen. Abgetropften Weizen mit ½ l Wasser zum Kochen bringen, etwa 45 Minuten leise köchelnd quellen lassen und abgießen. Erbsen in Salzwasser 2 – 3 Minuten blanchieren, in Eiswasser abschrecken und abtropfen lassen. Weizen, Erbsen und Sojabohnen mischen. Olivenöl mit Sojasauce und Essig verquirlen, mit Salz und Pfeffer würzen und unter den Salat ziehen. Mit den Granatapfelkernen bestreuen.

Saftiger Möhrensalat

250 g Möhren,
fein geraspelt
1 säuerlicher Apfel,
fein geraspelt
2 Hand voll Alfalfa-
oder Luzernesprossen,
fein geschnitten
3 EL Haselnüsse, gerieben
3 EL heller Leinsamen,
aufgebrochen
Saft einer halben Zitrone
2 EL Öl
1 EL Honig
½ TL Meerrettich,
gerieben

Möhren, Apfel, Sprossen, Haselnüsse und Leinsamen vermischen und mit dem Zitronensaft beträufeln. Aus Öl, Honig und Meerrettich eine Marinade herstellen und den Salat darin gut durchziehen lassen.

Rotkohlsalat

Rotkohl, Äpfel, Tofu und klein geschnittene Orange mischen, die übrigen Zutaten zu einer Sauce verquirlen und unter den Salat heben.

Ein gesunder Wintersalat, auch als Party-Mitbringsel vielfach bewährt. Er sollte vor dem Servieren mindestens eine Stunde im Kühlschrank durchziehen und schmeckt auch am nächsten Tag noch ausgezeichnet.

500 g Rotkohl, in sehr
  feine Streifen geschnitten
2 säuerliche Äpfel,
  fein gewürfelt
250 g Tofu, fein gewürfelt
1 Orange, fein gewürfelt
1 Orange, ausgepresst
5 EL Apfelessig
1 EL Vollrohrzucker
1 TL Salz
1 TL Paprikapulver
150 g saure Sahne
  oder Soja»sahne«
2 EL Sojaöl

Bunter Blattsalat mit Walnussdressing

Blattsalat in mundgerechte Stücke zupfen und in eine große Schüssel oder vier kleine Schüsseln geben. Walnüsse ohne Öl in einer Pfanne rösten. Tofu, Zitronensaft, Schalotte, Leinsamen und Zucker im Mixer oder mit dem Pürierstab pürieren. Die Nussstückchen unterziehen und das Dressing auf den Salat geben. Mit den Sprossen bestreuen.

4 Hand voll gemischter
  Blattsalat (z. B. Eisberg,
  Radicchio, Eichblatt,
  Chicorée, Rucola)
4 EL Walnüsse,
  grob gehackt
100 g Seidentofu
Saft einer Zitrone
1 kleine Schalotte, gehackt
1 EL heller Leinsamen,
  aufgebrochen
1 EL Vollrohrzucker
2 Hand voll Alfalfa-
  oder Luzernesprossen

Artischocken mit Tofudip

250 g Seidentofu
2 EL Limonensaft,
  frisch gepresst
2 EL Dijon-Senf
2 EL Walnussöl
2 EL Dill, fein gehackt
1 TL Salz
Saft einer Zitrone
4 Artischocken

Tofu, Limonensaft, Senf, Öl, Dill und Salz im Mixer oder mit dem Pürierstab pürieren und im Kühlschrank durchziehen lassen. In einem großen Topf reichlich Wasser mit dem Zitronensaft zum Kochen bringen und die Artischocken etwa 30 Minuten darin garen, bis sich die Blätter leicht ablösen lassen. Mit einem Schaumlöffel herausnehmen und mit dem Dip servieren. Die Blätter mit dem zarten Artischockenfleisch werden nun einzeln abgezupft, in den Dip getunkt und mit den Zähnen abgestreift. Anschließend wird das nicht essbare »Heu« im Innern der Artischocken entfernt und als krönender Abschluss die saftigen Artischockenherzen verzehrt. Ein Genuss!

Eine effektvolle Vorspeise für gesellige Runden. Der Tofudip eignet sich aber auch hervorragend für Rohkostplatten oder Gemüse-Fondues.

Waldorfsalat

Mayonnaise mit Zitronensaft anrühren und mit Salz und Pfeffer abschmecken. Übrige Zutaten unterheben und den Salat mindestens eine Stunde lang im Kühlschrank durchziehen lassen.

Chefkoch Oscar Tschirky kredenzte 1893 zur feierlichen Eröffnung des New Yorker Waldorf-Hotels seine neue Erfindung, die ihm kulinarischen Weltruhm einbrachte. Hier eine modernisierte Variante mit eingeschmuggelten Phytohormonen.

4 EL Mayonnaise
2 EL Zitronensaft
Salz
Pfeffer
2 rote Äpfel,
klein gewürfelt
4 EL Walnusskerne,
geviertelt
100 g grüne Trauben,
halbiert und entkernt
3 Stängel Staudensellerie,
in feine Streifen
geschnitten
150 g Räuchertofu,
sehr fein gewürfelt
2 Hand voll Alfalfa- und
Luzernesprossen,
grob geschnitten

Drei-Bohnen-Salat

Braucht Einweichzeit!

Eingeweichte Sojabohnen abgießen, mit frischem Wasser bei geringer Hitze 2 – 3 Stunden köcheln und abkühlen lassen. Grüne und gelbe Bohnen in Salzwasser etwa 15 – 20 Minuten garen und abkühlen lassen. Mit Paprika und Zwiebeln mischen. Die restlichen Zutaten zu einer Salatsauce vermischen und unterziehen. Mit Salz und Pfeffer abschmecken.

150 g getrocknete Soja-
bohnen, über Nacht
eingeweicht
300 g grüne Bohnen
300 g gelbe Bohnen
(Wachsbohnen)
1 grüner Paprika,
fein gewürfelt
2 rote Zwiebeln,
grob gehackt
1 Knoblauchzehe,
zerdrückt
140 ml Essig
1 EL Vollrohrzucker
3 EL Olivenöl
½ TL Worcestersauce
Salz
Pfeffer

Linsensalat

60 g braune Linsen
60 g rote Linsen
60 g (grüne) Berglinsen
60 g (schwarze) Beluga-
Linsen,
alle Linsen über Nacht
eingeweicht
100 ml Gemüsebrühe
4 EL Balsamico-Essig
4 EL Walnussöl
1 Zwiebel, fein gehackt
Salz
Pfeffer
2 Hand voll Alfalfa-
oder Luzernesprossen,
fein gehackt
½ Bund Petersilie,
fein gehackt
200 g Räuchertofu,
klein gewürfelt

Braucht Einweichzeit!

Eingeweichte Linsen abgießen und in frischem Wasser etwa 10 Minuten bissfest garen. Gemüsebrühe, Essig, Öl und Zwiebel verrühren, über die Linsen gießen und etwa eine Stunde durchziehen lassen. Mit Salz und Pfeffer abschmecken und zum Schluss gehackte Sprossen, Petersilie und Räuchertofu unterziehen.

Hauptgerichte

Soja Stroganoff

Soja-Schnetzel in einer Schüssel gut mit der Sojasauce vermischen, mit ½ Liter heißem Wasser aufgießen und 10 Minuten einweichen lassen (dabei gelegentlich umrühren). Zwiebel in 1 EL Öl glasig dünsten, mit dem Mehl bestreuen und vom Herd nehmen. Gemüsebrühe mit dem Schneebesen einrühren, bis sich das Mehl ohne Klümpchen gelöst hat. Zum Kochen bringen und etwa zehn Minuten leise köcheln lassen. Saure Sahne unterrühren und die Sauce mit Salz, Pfeffer und Zitronensaft abschmecken. Gurken und Pilze unterziehen und noch einige Minuten köcheln lassen.

In der Zwischenzeit die Soja-Schnetzel in einen Seiher abgießen und mit einem großen Löffel ausdrücken. Im restlichen Öl rundherum kräftig anbraten. Mit der Sauce vermischen und eventuell nochmals mit Salz und Pfeffer nachwürzen.

Lecker mit Bandnudeln oder Reis!

100 g Sojaschnetzel (aus dem Reformhaus oder Naturkostladen)
4 EL Tamari-Sojasauce
2 Zwiebeln, fein gehackt
3 EL Rapsöl
3 EL Vollkornweizenmehl
250 ml kalte Gemüsebrühe
150 g saure Sahne
Salz
Pfeffer
1 – 2 EL Zitronensaft
2 Gewürzgurken, fein gehackt
100 g Champignons, blättrig geschnitten

Möhren-Tofu-Gratin mit Gorgonzola

750 g Möhren
Fett für die Form
500 g geräucherter Tofu
250 ml Brühe
100 ml Sahne
250 g Gorgonzola

Möhren schälen und längs vierteln. In wenig Wasser etwa 20 Minuten dünsten. Gut abtropfen lassen und in eine gefettete Auflaufform geben. Tofu in schmale Streifen schneiden und über die Möhren streuen. Mit Brühe und Sahne übergießen. Gorgonzola in Flocken darauf setzen. Bei 180 – 200 °C etwa 25 Minuten backen.

Cannelloni mit Tofu-Spinat-Füllung

250 g Spinat
1 Knoblauchzehe,
  zerdrückt
250 g Tofu,
  sehr klein gewürfelt
200 g Emmentaler,
  geraspelt
Kräutersalz
1 Zwiebel, gehackt
1 EL Öl
500 g Tomaten
2 EL Tomatenmark
Salz
Pfeffer
Paprika
Oregano
1 EL Butter
  oder Margarine
2 EL Vollkornweizenmehl
200 ml Milch
Muskat, frisch gerieben

Spinat mit ganz wenig Wasser gar dünsten und etwas abkühlen lassen. Knoblauch, Tofu und die Hälfte vom Emmentaler unterrühren und mit Kräutersalz abschmecken. Die Zwiebel in Öl glasig dünsten, die Tomaten mit kochendem Wasser überbrühen und die Haut abziehen, in kleine Stücke schneiden und zu der Zwiebel geben. Mit Tomatenmark, Salz, Pfeffer, Paprika und Oregano abschmecken. Für die Béchamelsauce die Butter zerlassen, Mehl darüber streuen und mit Milch unter ständigem Rühren aufgießen. Mit Salz und Muskatnuss würzen.
Die Tomatensauce in eine Auflaufform gießen. Die Cannelloni mit der Spinat-Tofu-Füllung stopfen und nebeneinander in die Form legen. Béchamelsauce über die Cannelloni gießen und den Rest Emmentaler darüber streuen.
Bei 180 – 200 °C etwa 30 Minuten backen.

Zucchini-Tofu-Gratin

Zucchini dachziegelartig in eine breite Auflaufform legen. Tofu mit der Sahne im Mixer oder mit dem Pürierstab pürieren, mit den Gewürzen, Zwiebel, Knoblauch, Petersilie und der Hälfte des Käses vermischen und über die Zucchini streichen. Mit den Tomaten belegen und dem restlichen Käse bestreuen. Bei 180 – 200 °C etwa 40 Minuten backen.

*750 g Zucchini, in
  2 – 3 mm schmale
  Scheiben geschnitten
300 g Tofu
200 ml Schlagsahne
1 TL Kräutersalz
1 TL getr. Thymian
Pfeffer
1 Zwiebel, fein gehackt
2 Knoblauchzehen,
  zerdrückt
1 Bund Petersilie
100 g Parmesan,
  frisch gerieben
500 g Tomaten,
  in Scheiben geschnitten*

Fenchel-Tofu-Pfanne

Orangenscheiben, Orangensaft, Knoblauch, Fenchelsamen und Tofu mischen und etwa eine Stunde durchziehen lassen. Tofu herausnehmen, gemeinsam mit dem Fenchel im Öl von allen Seiten anbraten. Restliche Zutaten (außer dem Käse) zufügen, mit Salz und Pfeffer würzen und einige Minuten köcheln lassen. Käse darüber streuen, Pfanne zudecken und weitere 10 Minuten dünsten.

*4 Orangen, geschält
  und quer in Scheiben
  geschnitten
1 Orange, ausgepresst
4 Knoblauchzehen, in feine
  Scheiben geschnitten
1 EL Fenchelsamen
250 g geräucherter Tofu,
  grob gewürfelt
2 Fenchelknollen,
  grob gewürfelt
3 EL Olivenöl
3 EL schwarze Oliven
Salz
Pfeffer
100 g junger Gouda, in
  feine Streifen geschnitten*

Backofenkartoffeln mit Tofufüllung

*4 möglichst große, mehlig
  kochende Kartoffeln
500 g Tofu
80 ml Schlagsahne
Pfeffer
2 EL Zitronensaft
1 Bund Radieschen,
  fein gewürfelt
1 Bund Dill, fein gehackt
2 Hand voll Alfalfa-
  oder Luzernesprossen*

Kartoffeln kräftig abbürsten und auf dem Blech bei 180 – 200 °C je nach Größe 40 – 60 Minuten backen. (Entgegen einer weit verbreiteten Gewohnheit ist es völlig überflüssig, die Kartoffeln zu diesem Zweck in Alufolie einzuwickeln. Im Gegenteil, ohne Folie wird die Schale herrlich trocken und kross.) Tofu und Sahne im Mixer oder mit dem Pürierstab zu einer Creme verrühren. Restliche Zutaten bis auf die Sprossen unterziehen. Die Kartoffeln längs aufschneiden, mit der Tofucreme füllen und mit den Sprossen bestreuen.

Rigatoni All'Alfredo Tofu

*500 g Vollkornröhrchen-
  nudeln
Salz
200 ml Milch
200 g Seidentofu
1 kleine Zwiebel,
  fein gewürfelt
½ Knoblauchzehe,
  zerdrückt
120 g Parmesan,
  frisch gerieben
1 Prise Muskat
1 Hand voll Rucolablätter*

Nudeln in reichlich Salzwasser bissfest kochen und abgießen. Milch, Tofu, Zwiebel und Knoblauch im Mixer oder mit dem Pürierstab fein pürieren und erhitzen (nicht kochen lassen). 100 g Parmesan vorsichtig einrühren und schmelzen lassen. Die Sauce mit Salz und Muskat abschmecken und mit den Nudeln mischen. Mit dem restlichen Parmesan bestreuen und den Rucolablättern garnieren.

Die der berühmten Spezialität des römischen Restaurants »Alfredo alla Scrofa« nachempfundenen Sauce schmeckt auch zu allen Arten von Gemüse und zu Kartoffeln ausgezeichnet.

Rosmarintofu vom Grill

Tofuwürfel und Champignons mit Kürbiskern-öl und Rosmarin mischen, mit Grillgewürz kräftig würzen und eine Stunde ziehen lassen. Auf Spieße stecken und auf dem Grill in etwa 10 – 15 Minuten bei nicht allzu großer Hitze knusprig werden lassen.
Dazu gibt es Brot und einen frischen Salat.

500 g Räuchertofu, in
  große Würfel geschnitten
250 g nicht zu kleine,
  ganze Champignons
100 ml Kürbiskernöl
1 Bund Rosmarin,
  klein geschnitten
Grillgewürz

Wenn die Grillsaison beginnt, müssen Menschen, die sich vegetarisch ernähren, nicht darbend abseits stehen. Es gibt viele fleischlose Grillgenüsse wie z. B. diese marinierten Spieße mit Räuchertofu und Champignons.

Tofuragout mit Erbsen

Tofuwürfel mit Zitronensaft beträufeln und mit Salz und Pfeffer würzen. Lauch in der Butter oder Margarine andünsten, Tofu dazugeben und einige Minuten mitdünsten lassen. Gemüsebrühe angießen, Erbsen einstreuen und bei geringer Hitze 5 – 10 Minuten garen lassen. Sahne und Senf verquirlen und unter das Ragout ziehen. Vor dem Servieren mit der Petersilie bestreuen.

400 g Tofu,
  grob gewürfelt
Saft einer Zitrone
Salz
Pfeffer
200 g Lauch, in feine
  Ringe geschnitten
2 EL Butter
  oder Margarine
⅛ l Gemüsebrühe
300 g frische Erbsen
100 g saure Sahne
100 ml Schlagsahne
2 EL Dijon-Senf
½ Bund Petersilie,
  fein gehackt

Einfach köstlich! Bei festlichen Gelegenheiten auch ideal als Füllung für Königinpasteten.

Ananas-Sauerkraut mit Räuchertofu

1 Zwiebel, fein gehackt
2 EL Butter
500 g Sauerkraut
2 Scheiben frische Ananas
⅛ l Gemüsebrühe
½ TL Kümmel
1 Prise Zucker
Salz
Pfeffer
250 g Räuchertofu,
  in dicke Scheiben
  geschnitten

Zwiebel in 1 EL Butter glasig dünsten, Sauerkraut, Ananas, Gemüsebrühe und die Gewürze zugeben und im offenen Topf etwa 30 Minuten schmoren, bis die Flüssigkeit fast vollständig eingekocht ist. Den Tofu unter das Sauerkraut legen, damit er mit aufgewärmt wird.
Dazu schmecken Pellkartoffeln und ein ordentlicher Klacks Senf.

Bunte Hülsenfrüchte

Braucht Einweichzeit!

250 g »Bunte Hülsenfrüch-
  te«, über Nacht in reich-
  lich Wasser eingeweicht
  und abgegossen
1 l Gemüsebrühe
1 Bund Suppengrün,
  klein geschnitten
4 Kartoffeln, geschält und
  grob gewürfelt
Salz
Pfeffer
Tamari-Sojasauce
½ Bund Petersilie,
  fein gehackt

Eingeweichte Hülsenfrüchte in der Gemüsebrühe 45 Minuten kochen. Suppengrün und Kartoffeln zugeben und weitere 15 Minuten kochen lassen. Mit Salz, Pfeffer und einem kräftigen Schuss Sojasauce abschmecken und mit der Petersilie bestreuen.
Am liebsten essen wir dazu eine Stange Knoblauch-Baguette.

> Die gesunde Mischung aus roten Kidneybohnen, schwarzen Bohnen, Pintobohnen, Sojabohnen, weißen Bohnen, braunen Linsen, grünen Linsen und Kichererbsen bekommen Sie im Naturkostladen.

Knusprige Tofubällchen

Alle Zutaten außer dem Sesam im Mixer oder mit dem Pürierstab vermengen. Mit nassen Händen kleine Bällchen formen, im Sesam wälzen und in reichlich Fett in der nicht zu heißen Pfanne knusprig goldbraun ausbacken.
Dazu schmeckt ein frisch gestampftes Kartoffel-Tofu-Püree.

500 g Tofu, mit der
  Gabel zerdrückt
60 g Parmesan,
  frisch gerieben
60 g Vollkornsemmelbrösel
2 EL Petersilie, fein gehackt
2 EL Olivenöl
2 EL Sojasauce
1 Knoblauchzehe,
  zerdrückt
6 EL Sesamsamen

Kartoffel-Tofu-Püree

Kartoffeln in der Schale garen, schälen und mit einem Kartoffelstampfer zerdrücken. Sojadrink, Seidentofu und Knoblauch im Mixer oder mit dem Pürierstab pürieren. Mit Muskat, Salz und Pfeffer abschmecken.

500 g mehlig kochende
  Kartoffeln
100 ml heißer Sojadrink
200 g Seidentofu
2 Knoblauchzehen,
  zerdrückt
1 Prise Muskat,
  frisch gerieben
Salz
Pfeffer

Auberginen mit Sojabohnenfüllung

100 g Sojabohnen, über
  Nacht eingeweicht
2 mittelgroße Auberginen
Fett für die Form
1 Zwiebel, fein gehackt
1 Knoblauchzehe,
  zerdrückt
1 EL Olivenöl
2 große Tomaten,
  überbrüht, geschält und
  fein gewürfelt
2 EL Tomatenpüree
⅛ l Gemüsebrühe
½ TL getrockneter
  Oregano
½ Bund Petersilie,
  fein gehackt
1 EL Butter
  oder Margarine
2 EL Weizenvollkornmehl
300 ml kalte Milch
Salz
Pfeffer
1 Prise Muskat
50 g Emmentaler,
  frisch gerieben

Braucht Einweichzeit!

Sojabohnen abgießen und mit frischem Wasser bei niedriger Temperatur etwa 2 Stunden kochen. Auberginen der Länge nach durchschneiden, mit einem Löffel aushöhlen, so dass ein Rand von etwa anderthalb Zentimetern stehen bleibt, und möglichst so in eine gefettete Auflaufform setzen, dass sie sich gegenseitig stützen. Zwiebel und Knoblauch im Olivenöl glasig dünsten, Tomatenwürfel, Tomatenpüree, Brühe und Oregano zufügen und leise köcheln lassen, bis die Tomaten weich sind und ein Teil der Flüssigkeit verdunstet ist. Gekochte Sojabohnen und Petersilie untermischen.

Butter schmelzen, mit dem Mehl vermischen und von der Herdplatte ziehen. Mit dem Schneebesen die Milch einrühren, bis sich alle Klümpchen aufgelöst haben. Zum Kochen bringen und mit Salz, Pfeffer und Muskat abschmecken.

Sojabohnenfüllung in die ausgehöhlten Auberginen löffeln, vorsichtig mit der Sauce begießen und dem Käse bestreuen. Bei 180 – 200 °C etwa 50 Minuten backen.

Blätterteigtaschen mit pikanter Linsenfüllung

Braucht Einweichzeit!

Braune Linsen in der Gemüsebrühe 15 Minuten garen, rote Linsen zugeben und noch einmal 10 Minuten kochen lassen. Restliche Flüssigkeit abgießen. Blätterteigscheiben nebeneinander auslegen und antauen lassen. Lauch im Olivenöl glasig dünsten, Knoblauch, Pilze, Cumin, Koriander, Ingwer und Kurkuma zugeben und kurz weiterdünsten, bis die Pilze weich sind. Mit der Linsenmischung verrühren. Je einen EL Füllung auf eine Blätterteigscheibe geben, die Scheibe zu einem Dreieck zuklappen und die Ränder gut zusammendrücken. Eigelb und Milch verquirlen und die Blätterteigtaschen damit bestreichen. Zum Schluss die Sesamsamen aufstreuen. Bei 180 – 200 °C etwa 20 Minuten backen.

50 g braune Linsen, einige Stunden eingeweicht
¼ l Gemüsebrühe
50 g rote Linsen
8 Scheiben Blätterteig (tiefgefroren)
½ Stange Lauch, in feine Streifen geschnitten
2 EL Olivenöl
1 Knoblauchzehe, zerdrückt
60 g Champignons, fein gewürfelt
1 TL Kreuzkümmel (Cumin), gemahlen
1 TL Koriander, gemahlen
1 TL Ingwer, gemahlen
½ TL Kurkuma, gemahlen
1 Eigelb
1 EL Milch
2 EL Sesamsamen

Ananas-Linsen-Gericht

100 g Linsen
100 g Vollkornreis
½ l Gemüsebrühe
1 EL Currypulver
600 g frische Ananas,
  in Stücke geschnitten
2 EL Öl
½ Bund Petersilie,
  fein gehackt

Linsen und Reis in der Gemüsebrühe etwa 40 Minuten garen (eventuell noch etwas Wasser nachgießen). Curry und Ananas im Öl anrösten, etwas Wasser angießen und unter häufigem Umrühren einige Minuten kochen lassen. Linsen-Reis-Mischung mit der Ananas mischen und mit der Petersilie bestreuen.

Das leckere Linsengericht schmeckt auch kalt als Salat oder Bestandteil eines Vollwertbüfetts.

Pilzhäufchen mit Sojabohnenpüree und Berglinsen

Braucht Einweichzeit!

Eingeweichte Sojabohnen abgießen, mit frischem Wasser bei geringer Hitze 2 – 3 Stunden köcheln und anschließend abkühlen lassen. Zwiebel und 1 Knoblauchzehe in 1 EL Olivenöl glasig dünsten. Die Stiele der Champignons herausdrehen, fein hacken, zugeben und kurz mitdünsten lassen. Linsen, 200 ml Traubensaft und 200 ml Gemüsebrühe zufügen und die Linsen etwa 25 Minuten leise köchelnd bissfest garen. Flüssigkeit abgießen und Petersilie unterrühren.

Für das Püree die abgetropften Sojabohnen mit 1 Knoblauchzehe, 2 EL Olivenöl, dem Kräuterquark und dem Gemüsebrüheextrakt im Mixer oder mit dem Pürierstab pürieren und das Püree warm halten.

Pilzköpfe in der Butter oder Margarine von beiden Seiten je fünf Minuten anbraten. Etwas Traubensaft angießen, Bratensatz lösen, Tomatenpüree, restliche Gemüsebrühe, restlichen Traubensaft und Zucker einrühren und die Sauce etwa 10 Minuten leise einköcheln lassen. Mit buntem Pfeffer würzen.

Pilze auf vier Teller verteilen und mit einem dicken Klacks Bohnenpüree bestreichen. Die Linsenmischung darüber häufeln. Auf jedes Häufchen ein Nest aus Alfalfasprossen streuen und jeweils 1 – 2 Cranberries hineinsetzen. Am Tisch mit der roten Traubensaftsauce begießen. Dazu schmeckt Ciabatta oder ein knuspriges Baguette.

125 g getrocknete Sojabohnen eingeweicht
1 Zwiebel, fein gehackt
3 Knoblauchzehen, zerdrückt
3 EL Olivenöl
8 möglichst große Champignons
200 g Berglinsen (kleine, grüne Linsen)
350 ml roter Traubensaft
400 ml Gemüsebrühe
½ Bund Petersilie, fein gehackt
200 g Kräuterquark
1 TL Gemüsebrüheextrakt
2 EL Butter oder Margarine
2 EL Tomantenpüree
1 EL brauner Vollrohrzucker
bunter Pfeffer, frisch gemahlen
1 Hand voll Alfalfasprossen
4 – 8 getrocknete Cranberries

Sojabohnentaler

125 g Sojabohnen,
  über Nacht eingeweicht
  und abgegossen
⅛ l Gemüsebrühe
2 Scheiben Vollkorntoast,
  fein zerkrümelt
2 Knoblauchzehen,
  zerdrückt
1 TL Zitronensaft
1 TL grüne Tabascosauce
1 TL Koriander, gemahlen
1 TL Kreuzkümmel
  (Cumin), gemahlen
½ TL Kurkuma
Salz
Pfeffer
Öl zum Ausbacken

Braucht Einweichzeit!

Sojabohnen in frischem Wasser aufsetzen und etwa 2 Stunden gar kochen. Sojabohnen mit der Gemüsebrühe im Mixer oder mit dem Pürierstab pürieren. Mit Toastkrümeln, Knoblauch, Zitronensaft und Gewürzen vermischen und mit Salz und Pfeffer pikant abschmecken. Je einen EL in heißem Öl von beiden Seiten zu goldbraunen Talern ausbacken.

Die Taler schmecken heiß zu Salat und Kartoffelpüree oder kalt gemeinsam mit Eisbergsalat und Tomate zwischen zwei mit Mayonnaise bestrichenen Vollkorntoastscheiben.

Pitta Tofu

Aus Joghurt oder Schwedenmilch, Tahin, Knoblauch und Zitronensaft eine Sauce rühren und mit Salz und Pfeffer abschmecken. Tofu, Tomaten und Spinat- oder Salatblätter mischen und die Hälfte der Sauce unterziehen. Pittataschen einige Minuten im Backofen erwärmen. Die Mischung vorsichtig in die Taschen löffeln, Avocadoscheiben und Sprossen dazugeben. Restliche Sauce über die Füllung verteilen und sofort servieren.

200 g Joghurt
  oder Schwedenmilch
2 EL Tahin (Sesammus)
1 Knoblauchzehe,
  zerdrückt
1 TL Zitronensaft,
  frisch gepresst
Salz
Pfeffer
250 g Tofu, in Würfel
  geschnitten
8 in Öl eingelegte,
  getrocknete Tomaten
1 große Hand voll frische
  Spinat- oder Salatblätter
4 Vollkorn-Pittataschen
  (Fertigprodukt)
1 reife Avocado, geschält
  und in dünne Spalten
  geschnitten
2 Hand voll Alfalfa-
  oder Luzernesprossen

Omelette Soyette

1 Bund Frühlingszwiebeln,
  in dünne Streifen
  geschnitten
300 g Zucchini,
  gewürfelt
2 EL Olivenöl
8 Eier
6 EL Sojamehl
2 Tassen Sojadrink, natur
1 TL Kräuter der Provençe
400 g Cherrytomaten,
  in Hälften geschnitten
Salz
Pfeffer

Zwiebeln und Zucchini in einer großen Pfanne im Öl glasig dünsten. Eier mit Sojamehl, Sojadrink und Kräutern verquirlen (kräftig schlagen, damit das Sojamehl nicht klumpt), über das Gemüse gießen und in der geschlossenen Pfanne stocken lassen. Mit den Tomaten belegen und mit Salz und Pfeffer würzen.

Rheinische Sauerschnetzel

Braucht Einweichzeit!

100 g grobe Sojaschnetzel
  (aus dem Reformhaus
  oder Naturkostladen)
2 EL Tamari-Sojasauce
500 ml roter Traubensaft
6 EL Balsamico rosso oder
  Rotweinessig
1 ½ EL Sauerbratengewürz
50 g Sellerie,
  klein gewürfelt
1 Möhre, klein gewürfelt
1 Schalotte, fein gehackt
100 ml Gemüsebrühe
2 EL saure Sahne oder
  Soja»sahne«
4 EL Alfalfa- oder
  Luzernesprossen

Sojaschnetzel mit Tamarisauce vermischen. Traubensaft, Essig, Sauerbratengewürz und Gemüse aufkochen und etwa 10 Minuten köcheln lassen. Die Schnetzel mit der Flüssigkeit übergießen und mindestens zwei Stunden einweichen lassen (dabei gelegentlich umrühren).
Anschließend abseihen und die Flüssigkeit auffangen. Mit der Gemüsebrühe angießen und der sauren Sahne oder Soja»sahne« verfeinern. Die Schnetzel wieder in die Flüssigkeit geben, aufkochen und einige Minuten köcheln lassen. Mit den Sprossen bestreuen und servieren.
Zu den Sauerschnetzeln schmecken Rotkohl und deftige Knödel.

Süßes und Desserts

Süße Dattelcreme

Braucht Einweichzeit!

Datteln im Orangensaft einige Stunden einweichen lassen und pürieren. Tofu, Quark, Joghurt und Zimt zugeben und in der Küchenmaschine oder mit dem Handmixer zu einer glatten Creme verrühren.

125 g Datteln, entsteint
Saft einer Orange
125 g Seidentofu
125 g Magerquark
150 g Sojajoghurt, Vanille
1 TL Zimt

Joghurt mit Feigen und Leinsamen

Feigen und Joghurt mischen und mit dem Leinsamen bestreuen.

10 Trockenfeigen,
  fein gehackt
300 ml Sojajoghurt,
  Vanille
2 EL heller Leinsamen,
  aufgebrochen

Obstsalat mit Tofu

100 ml Orangensaft,
  frisch gepresst
1 TL abgeriebene
  Zitronenschale
1 EL Ahornsirup
1 TL Zimt
200 g Tofu, in kleine
  Würfel geschnitten
600 g frisches Obst der
  Saison, z. B. Banane,
  Apfel, Birne, Mandarine,
  Mango usw., klein
  gewürfelt
1 Hand voll
  Studentenfutter
2 EL heller Leinsamen,
  aufgebrochen

Orangensaft, Zitronenschale, Ahornsirup und Zimt verrühren, den Tofu damit übergießen und einige Stunden durchziehen lassen. Obst, Studentenfutter und Leinsamen unterziehen und in kleinen Schälchen servieren.

Heidelbeercreme

400 g Seidentofu
300 g Heidelbeeren
2 EL Vollrohrzucker
4 Zweige Minze oder
  Zitronenmelisse

Tofu mit Heidelbeeren und Zucker im Mixer oder mit dem Pürierstab pürieren. Auf vier Schälchen verteilen und mit Minze- oder Melisseblättchen verzieren.

Die Creme schmeckt auch mit Erdbeeren und Himbeeren lecker.

Bananen-Schoko-Creme

Alle Zutaten außer der Schokolade im Mixer oder mit dem Pürierstab pürieren, mit den Schokoraspeln bestreuen und sofort servieren.

200 g Seidentofu
2 große reife Bananen
1 EL Honig
2 EL Orangensaft
1 MSP Vanille, gemahlen
2 EL geraspelte Edel-
  bitterschokolade

Tofu-Orangen-Quark

Tofu, Quark, Orangensaft und -schale sowie Ahornsirup im Mixer oder mit dem Pürierstab fein pürieren. Vorsichtig die Sahne unterziehen und die Creme kalt stellen. Kurz vor dem Servieren mit den Orangenscheiben und den Minze- oder Melisseblättchen garnieren.

Ein leckeres Dessert für den Winter!

250 g Seidentofu
250 g Magerquark
150 ml Orangensaft,
  frisch gepresst
geriebene Schale einer
  unbehandelten Orange
2 EL Ahornsirup
3 EL Schlagsahne, nicht
  ganz steif geschlagen
einige Orangenscheiben,
  dünn geschnitten
2 Zweige Minze oder
  Zitronenmelisse

Gebackene Birnen mit süßer Tofucreme

4 reife, aber nicht zu
  weiche Birnen
Saft einer halben Zitrone
1 EL Butter
  oder Margarine
1 TL Zimt, gemahlen
1 Prise Nelken, gemahlen
1 TL Kardamom,
  gemahlen
1 TL Zitronenschale,
  frisch abgerieben
Fett für die Form
200 g Seidentofu
3 EL Soja»sahne«
3 EL Ahornsirup
¼ TL Vanille, gemahlen
2 EL Mandelstifte
2 – 3 Zweige frische Minze

Birnen halbieren, die Hälften vorsichtig entkernen und schälen. (Besonders schön sieht es aus, wenn Sie den Stiel an einer Hälfte stehen lassen.) Die Birnenhälften mit dem Zitronensaft beträufeln. Butter bei geringer Hitze vorsichtig schmelzen, Zimt, Nelken, Kardamom und Zitronenschale einrühren. Die Birnenhälften rundherum dünn mit der Gewürzbutter einstreichen und mit den runden Seiten nach oben in einer gefetteten Auflaufform bei 180 – 200 °C je nach Größe etwa 10 – 15 Minuten backen. Tofu und Soja»sahne« auf höchster Stufe in der Küchenmaschine oder mit dem Handmixer aufschlagen, mit Ahornsirup und Vanillepulver abschmecken und auf vier Dessertteller verteilen. Gebackene Birnenhälften vorsichtig mit einem scharfen Messer der Länge nach so einschlitzen, dass die Spalten oben noch fest zusammenhalten. Die Spalten fächerartig auseinander drücken und die Birnenhälften so auf die Tofucreme aufsetzen. Mit Mandelstiften bestreuen und mit Minzeblättchen verzieren.

Im Sommer schmeckt dieses Dessert auch mit frischen, reifen Pfirsichen.

Himbeereis

Noch gefrorene Himbeeren mit den anderen Zutaten in einen Mixer geben, kräftig durchmixen und sofort servieren.

Das Rezept ist mit anderen Beerensorten beliebig abwandelbar.

200 g Himbeeren,
  tiefgefroren
  (nicht aufgetaut!)
200 g Seidentofu
1 EL weißes Mandelmus
1 EL Honig
2 EL Soja»sahne«

Reinhilds Bananeneis

Bananen schälen, in Stücke schneiden, mit dem Zitronensaft beträufeln und für etwa 3 Stunden in den Tiefkühler legen. Mit Mandelmus, Zimt und Tofu in einen Mixer geben, kräftig durchmixen und sofort servieren.

4 reife Bananen
2 EL Zitronensaft
2 EL weißes Mandelmus
½ Tl. Zimt
200 g Seidentofu

Süße Quinoa mit Apfel-Zwetschgen-Kompott

2 Tassen Sojadrink mit Kalzium
1 Tasse Quinoa
1 EL Honig
100 g Vanillejoghurt
250 g Zwetschgen
4 säuerliche Äpfel, geschält, entkernt und in Spalten (nicht Viertel!) geschnitten
4 EL Vollrohrzucker
1 ½ TL Zimt
4 EL heller Leinsamen, aufgebrochen

Sojadrink zum Kochen bringen, Quinoa zugeben und bei geringer Hitze 20 Minuten quellen lassen. Mit Honig und Joghurt verrühren. (Sojadrink mit Kalzium ist bereits leicht gesüßt, wenn Sie einen ungesüßten Sojadrink verwenden, brauchen Sie eventuell etwas mehr Honig.) Zwetschgen, Äpfel, 3 EL Zucker und 1 TL Zimt in einem halben Liter Wasser aufkochen und gut durchziehen lassen. Quinoa mit Kompott anrichten, Leinsamen, restlichen Zucker und restlichen Zimt mischen und das Ganze damit bestreuen.

Quinoa, das supergesunde »Korn der Inkas«, bekommen Sie im Reformhaus oder im Naturkostladen.

Pancakes mit süßem Leinsamenschrot

Weizen- und Sojamehl, Backpulver, Salz und Zucker in einer Rührschüssel mischen. Nach und nach Eier, Sojadrink und Butter oder Margarine zugeben und zu einem glatten Teig verarbeiten. Löffelweise in eine Pfanne mit heißem Öl geben und zu kleinen Pfannkuchen von etwa 10 cm Durchmesser verstreichen. Wenn der Teig Blasen wirft, umdrehen und von der anderen Seite goldbraun ausbacken. Leinsamen, Vanillezucker, Kakaopulver und Kokosraspeln in einem Schälchen mischen und mit dem Ahornsirup zu den warmen Pancakes servieren.

100 g Weizenvollkornmehl
25 g Sojamehl, teilentfettet
2 TL Weinstein-
  Backpulver
½ TL Salz
1 TL Zucker
2 Eier
125 ml Sojadrink mit
  Kalzium
2 EL flüssige Butter
  oder Margarine
Öl zum Ausbacken
3 EL Leinsamen,
  frisch geschrotet
1 TL Vanillezucker
1 TL Kakaopulver
1 EL Kokosraspeln
1 Fläschchen Ahornsirup

Aus der
Wechseljahre-Backstube

Kopfüber-Kuchen

Fett für die Form
125 g Kokosraspeln
6 EL Ahornsirup
250 g Weizenvollkornmehl
2 TL Backpulver
4 EL Raps- oder
*   Sonnenblumenöl*
400 g Seidentofu
1 TL Vanille, gemahlen
eventuell frisches Obst
*   der Saison*

Eine gut gefettete Springform mit 80 g Kokosraspeln gleichmäßig bestreuen, anschließend mit 2 EL Ahornsirup beträufeln. Mehl, Backpulver und restliche Kokosraspeln mischen. Öl, restlichen Anhornsirup, Tofu, und Vanille mit ½ Tasse Wasser in der Rührmaschine zu einer Creme verarbeiten. Mehlmischung unterrühren, den Teig auf die Kokosraspeln in die Springform geben und glatt streichen.

Bei 180 – 200 °C etwa 35 Minuten backen. Zuerst den Rand der Springform lösen. Den Kuchen dann kopfüber auf einen Tortenboden stürzen und zuletzt vorsichtig den Boden der Springform lösen.

Der Kuchen kann gleich so serviert oder nach Belieben mit frischem Obst verziert werden.

Der unkomplizierte Kuchen ist bei den unterschiedlichsten Gelegenheiten vielseitig einsetzbar und macht auch als festlich mit Obst verzierter Geburtstagskuchen eine gute Figur. Wir essen ihn am liebsten noch warm mit einer ordentlichen Portion selbst gemachtem Himbeereis (siehe Seite 139).

Bodenloser Käsekuchen

Eier trennen, Eiweiß zu einem sehr steifen Eischnee schlagen und zur Seite stellen. Butter oder Margarine schaumig rühren, nach und nach Zucker, Vanille, Salz, Eigelb und Zitrone zufügen. Dann Tofu, Quark und zuletzt den Grieß unterrühren. Eischnee vorsichtig unterheben. In eine gefettete Springform geben und glatt streichen. Bei 170 – 190 °C etwa 50 – 60 Minuten backen.

Ein ganz unaufwändiger Käsekuchen, der immer gelingt.

4 Eier
125 g weiche Butter
oder Margarine
150 g Vollrohrzucker
1 Vanilleschote,
ausgekratzt
1 Prise Salz
Saft und abgeriebene
Schale einer halben
unbehandelten Zitrone
500 g Seidentofu
500 g Magerquark
6 EL Vollkorngrieß
Fett für die Form

Linsenmuffins

Für die Füllung:
200 g rote Linsen
200 g schwarze Oliven,
  entsteint
3 EL Olivenöl
1 große Zwiebel,
  fein gehackt
2 Knoblauchzehen,
  zerdrückt
½ TL Kräuter der Provençe
1 EL Butter
  oder Margarine
Salz
Pfeffer

Für den Teig:
125 g Weizenvollkornmehl
½ Päckchen Trockenhefe
½ TL Vollrohrzucker
1 Prise Salz
2 EL Olivenöl
1 Eigelb
1 EL Milch

Linsen in 200 ml Wasser etwa 15 Minuten garen. Abgießen und mit den Oliven und 3 EL Olivenöl pürieren. Zwiebel, Knoblauch und Kräuter in der Butter oder Margarine glasig dünsten und unter die Linsenpaste rühren. Mit Salz und Pfeffer abschmecken.

Mehl und Hefe mischen, Zucker, Salz und Olivenöl zugeben und zu einem geschmeidigen Teig verkneten. An einem warmen Ort zugedeckt etwa eine halbe Stunde gehen lassen. Noch einmal kräftig durchkneten und zu zwölf Kugeln formen. Die Teigkugeln auf einer bemehlten Arbeitsfläche zu kleinen Fladen von etwa 15 cm Durchmesser ausrollen und die Muffinförmchen damit auslegen. Die Linsenpaste hineinlöffeln und den überstehenden Teig oben zusammenschlagen. Eigelb mit Milch verquirlen und die Muffins damit bestreichen. Bei 180 – 200 °C etwa 15 – 20 Minuten backen und noch warm servieren.

Brownies

Apfel in wenig Wasser im geschlossenen Topf etwa 10 Minuten kochen, abgießen und durch ein Sieb streichen. Mit Öl, Zucker und Tofu in der Rührmaschine zu einer Creme verarbeiten. Mehl mit Backpulver, Kakao und Gewürzen vermischen und nach und nach unterrühren. Den Teig in eine große, flache, gut eingefettete Auflaufform geben und glatt streichen. Mit den Walnüssen bestreuen und bei 180 – 200 °C etwa 20 – 25 Minuten backen. Nach dem Abkühlen in Vierecke schneiden und diese vorsichtig aus der Form heben.

1 kleinerer Apfel, geschält, entkernt und geviertelt
1 TL Sonnenblumenöl
150 g Vollrohrzucker
400 g Seidentofu
200 g Weizenvollkornmehl
2 geh. TL Backpulver
50 g Kakaopulver
½ TL Zimt, gemahlen
1 TL Vanille, gemahlen
Fett für die Form
2 EL Walnüsse, gehackt

Die Brownies lösen sich leichter, wenn Sie zuerst passend zurechtgeschnittenes Pergamentpapier in die gefettete Form legen und dieses ebenfalls einfetten. Nach dem Abkühlen lässt sich dann der ganze Kuchen aus der Form stürzen.

Susannes Möhren-Rohkost-Kuchen

1 Tasse getrocknete Datteln
1 Tasse getrocknete Feigen
1 Tasse Rosinen
500 g Möhren
1 Tasse gemahlene Hasel-
* nüsse oder Mandeln*
1 Tasse Leinsamen,
* geschrotet*
1 Tasse Tahin (Sesammus)
1 Vanilleschote,
* ausgekratzt*
etwas Zimt
eventuell etwas
* Haferflocken*
1– 2 EL Mohn oder
* Kokosraspeln*
eventuell Schlagsahne

Braucht Einweichzeit!

Trockenfrüchte etwa zwei Stunden in Wasser einweichen, anschließend im Mixer oder mit dem Pürierstab fein pürieren. Möhren ganz fein raspeln und mit den anderen Zutaten verkneten. Ist die Masse zu fest, noch etwas von dem Einweichwasser der Trockenfrüchte dazugeben; ist sie zu weich, Haferflocken einkneten. Als Kuchen formen. Mit Mohn oder Kokosraspeln verzieren. Einige Stunden in den Kühlschrank stellen und z. B. mit einem ordentlichen Klacks Schlagsahne servieren.

Kokoswaffeln

3 Eier
3 EL Vollrohrzucker
50 g Kokosflocken
2 EL heller Leinsamen,
* aufgebrochen*
20 g Sojamehl, teilentfettet
180 g Weizenvollkornmehl
1 TL Weinstein-
* Backpulver*
200 ml Sojadrink mit
* Kalzium*

Eier schaumig schlagen. Zucker, Kokosflocken, Leinsamen, Soja-, Weizenmehl und Backpulver mischen. Abwechselnd Mehlmischung und Sojadrink unterrühren und den Teig etwa 15 Minuten ruhen lassen. Im Waffeleisen nach Gebrauchsanleitung goldbraune Waffeln backen. Dazu schmecken Ahornsirup und Obstsalat.

Frische Waffeln sind zu Recht bei Groß und Klein sehr beliebt. Leider sind sie oft auch sehr fetthaltig – die meisten Waffelrezepte fangen bei 200 g Butter gerade erst an. Hier eine fettsparende Variante für Kokosfans, die außerdem eine gesunde Kombination gesundheitsfördernder Phytohormone enthält.

Helles Linsenbrot

Die verschiedenen Mehlsorten mit der Trockenhefe mischen. Wasser, Öl, Linsen, Honig und Gewürze zugeben, zu einem geschmeidigen Teig verkneten und zugedeckt an einem warmen Ort mindestens eine Stunde gehen lassen. Nochmals durchkneten, zu einer Kugel formen und im leicht angewärmten Ofen eine weitere halbe Stunde gehen lassen. Bei 180 – 200 °C etwa 50 Minuten backen.

Das Rezept ist auch für den Brotbackautomaten geeignet.

125 g Weizenmehl,
  Type 550
125 g Vollkornweizenmehl
2 TL Trockenhefe
170 ml lauwarmes Wasser
2 EL Olivenöl
50 g rote Linsen, in Wasser
  aufgekocht, etwa
  20 Minuten gegart,
  abgekühlt und abgetropft
1 EL flüssiger Honig
1 TL Salz
je 1 Prise Koriander und
  Kreuzkümmel (Cumin)

Dunkles Linsenbrot

80 g braune Linsen,
  über Nacht eingeweicht
200 g Weizenvollkornmehl
80 g Weizenmehl,
  Type 1050
40 g Sojamehl, teilentfettet
1 Päckchen Trockenhefe
200 ml Wasser
1 ½ EL Vollrohrzucker
1 ½ EL Walnussöl
½ TL Salz

Braucht Einweichzeit!

Linsen etwa 25 Minuten gar kochen, abtropfen und abkühlen lassen. Die verschiedenen Mehlsorten mit der Trockenhefe mischen. Lauwarmes Wasser, Zucker, Öl, Salz und Linsen zugeben, zu einem geschmeidigen Teig verkneten und zugedeckt an einem warmen Ort mindestens eine Stunde gehen lassen. Nochmals durchkneten, zu einer Kugel formen und im leicht angewärmten Ofen eine weitere halbe Stunde gehen lassen. Bei 180 – 200 °C etwa 50 Minuten backen.

Das Rezept ist auch für den Brotbackautomaten geeignet.

Pflaumenbrot

75 g Weizenvollkornmehl
25 g Sojamehl, teilentfettet
40 g heller Leinsamen,
  aufgebrochen
60 g Hirseflocken
25 g Sonnenblumenkerne
25 g Sesamsamen
25 g Walnusskernstückchen
100 g Trockenpflaumen,
  fein gewürfelt
1 TL Zimt, gemahlen
400 ml Sojadrink mit
  Kalzium
Fett für die Form

Alle Zutaten außer dem Sojadrink gut vermischen, zum Schluss den Sojadrink einrühren und das Ganze mindestens 30 Minuten zum Quellen stehen lassen. Noch einmal gut durchrühren und in eine eingefettete Kastenform füllen. Bei 170 – 190 °C etwa 60 Minuten backen (Gabeltest).

Lecker statt Kuchen zu Tee oder Kaffee!

»Alles drin«-Brot

Alle Zutaten in einer großen Schüssel mischen. Nach und nach warmes Wasser zugeben und erst mit dem Knethaken der Küchenmaschine, dann mit den Händen verkneten, bis ein geschmeidiger Teig entstanden ist. Abdecken und an einem warmen Ort mindestens eine Stunde gehen lassen. Noch einmal kräftig durchkneten, in eine gefettete Kastenform geben und abgedeckt noch einmal mindestens 30 Minuten gehen lassen. Bei 180 – 200 °C etwa 40 Minuten backen.

Aus dem Teig lassen sich auch etwa 12 leckere Brötchen backen.

150 g Weizenvollkornmehl
150 g Weizenmehl,
  Type 550
60 g Sojamehl, teilentfettet
1 EL Vollrohrzucker
1 Päckchen Trockenhefe
½ TL Salz
1 EL Sesamsamen
1 EL Mohnsamen
1 EL heller Leinsamen,
  aufgebrochen
1 EL Sonnenblumenkerne
1 EL Kürbiskerne
1 TL Leinöl
1 TL Melasse
225 ml Wasser
Fett für die Form

Müsliriegel

100 g Butter
 oder Margarine
3 EL Honig
150 g Haferflocken
2 reife Bananen
 (etwa 250 g)
100 g Trockenpflaumen,
 gehackt
25 g Kürbiskerne
25 g Sonnenblumenkerne
25 g heller Leinsamen,
 aufgebrochen
Fett für die Form

Butter oder Margarine mit dem Honig in einem Topf bei geringer Hitze vorsichtig schmelzen, übrige Zutaten einrühren und gut vermischen. In eine große viereckige, gut gefettete oder mit Backpapier ausgelegte Auflaufform streichen und bei 180 – 200 °C etwa 25 Minuten backen. Gut auskühlen lassen und erst dann in Streifen schneiden und vorsichtig aus der Form lösen.

Leinsamenknäcke

150 g Weizenvollkornmehl
50 g Sojamehl, teilentfettet
1 TL Weinstein-
 Backpulver
3 EL heller Leinsamen,
 aufgebrochen
½ TL Salz
50 g Butter
 oder Margarine
3 EL Olivenöl
eventuell Wasser
eventuell Fett für das Blech

Weizen-, Sojamehl, Backpulver, Leinsamen und Salz vermischen, Butter oder Margarine und zuletzt das Öl einkneten. Bei Bedarf teelöffelweise Wasser hinzufügen, bis der Teig geschmeidig ist. Auf einer bemehlten Arbeitsfläche etwa 50 mm dick ausrollen, in Vierecke schneiden und auf ein gefettetes oder mit Backpapier ausgelegtes Backblech legen. Bei 180 – 200 °C etwa 15 Minuten goldbraun backen, etwas auskühlen lassen und vorsichtig vom Blech nehmen.
Die ideale Wechseljahre-Knabberei!

Sojabrot

Mehl mit Trockenhefe mischen. Restliche Zutaten zugeben, zu einem geschmeidigen Teig verkneten und zugedeckt an einem warmen Ort mindestens eine Stunde gehen lassen. Nochmals durchkneten, zu einer Kugel formen und im leicht angewärmten Ofen eine weitere halbe Stunde gehen lassen. Bei 180 – 200 °C etwa 50 Minuten backen.

300 g Weizenvollkornmehl
1 Päckchen Trockenhefe
1 TL Vollrohrzucker
1 TL Salz
2 EL geröstete
  Sojabohnenkerne
1 EL Sojaöl
250 ml Sojadrink

Das Rezept ist auch für den Brotbackautomaten geeignet.

Frauenpower-Drinks

(Alle Getränkerezepte für **eine** Person)

Anismilch mit Honig

1 großes Glas Sojadrink
  mit Kalzium
½ TL Anissamen
½ TL getrocknete
  Lavendelblüten
1 Prise gemahlener
  Kardamom
1 TL Honig

Sojadrink mit Anissamen und Lavendelblüten vorsichtig erhitzen und eine Viertelstunde ziehen lassen. Durch ein Teesieb gießen und mit Kardamom und Honig verrühren.

Ein warmer Seelentröster für den Abend.

Bananenmilch

1 großes Glas Sojadrink
  mit Kalzium
1 kleine reife Banane
1 TL Mandelmus
1 Prise Vanille, gemahlen

Milch und Banane im Mixer verquirlen oder mit dem Pürierstab pürieren, Mandelmus und Vanille einrühren – fertig!

Mangoshake

Alle Zutaten im Mixer oder mit dem Pürierstab pürieren. Mit Orangenscheibe, Kräuterzweigen oder schönen Blüten verzieren.

Der Shake schmeckt auch mit einem reifen Pfirsich oder zwei reifen Aprikosen.

1 Glas Sojadrink mit Kalzium
1 EL Sojajoghurt, Vanille
½ reife Mango
1 Orangenscheibe
Kräuterzweige oder schöne Blüten zum Verzieren

Heißer Sojakakao

Sojadrink erhitzen (nicht kochen!), restliche Zutaten zugeben und die Schokolade unter ständigem Rühren vorsichtig schmelzen lassen.

1 großes Glas Sojadrink mit Kalzium
10 g Bitterschokolade, fein gerieben
1 TL Honig
1 Prise Zimt

Trauben-Ananas-Shake

⅓ Glas roter Traubensaft
⅓ Glas Ananassaft
⅓ Glas Sojadrink mit
Kalzium

Alle Zutaten kräftig verrühren oder im Mixer verquirlen. (Die leichte Gerinnung durch die Fruchtsäure führt dabei zur Verdickung bis zur gewünschten Shake-Konsistenz.)

Himbeer-Bananen-Shake

2 EL Himbeeren
½ reife Banane
1 EL Sojajoghurt, Vanille
1 Glas Sojadrink, Banane

Alle Zutaten kräftig verrühren oder im Mixer verquirlen.

Weihnachtsshake

Sojadrink und Kuchen im Mixer oder mit dem Pürierstab sehr fein pürieren. Beine hochlegen und vor dem warmen Kamin schlürfend genießen!

200 ml Sojadrink, Vanille
1 Stück Honig- oder
  Lebkuchen

Doris' Wechseljahre-Tee

1 EL der Mischung mit 200 ml kochendem Wasser überbrühen, 8 – 10 Minuten ziehen lassen und mit ein wenig Honig süßen. Bei Bedarf 2 – 4 Tassen täglich.

100 g Frauenmantelkraut
50 g Hopfenzapfen
50 g Salbeiblätter
50 g Walnussblätter
50 g Weißdornblätter
30 g Rosenblüten
30 g Lavendelblüten
etwas Honig zum Süßen

Zugleich kräftigend und entspannend.

Latte Macchiato

*150 ml Sojadrink mit
Kalzium
70 ml heißen Espresso
1 TL Kakaopulver*

Sojadrink erhitzen, mit einem Aufschäumer oder Schneebesen schaumig schlagen und in ein hohes Glas geben. Den heißen Espresso vorsichtig dazugeben. (Dabei entstehen wie von Zauberhand die berühmten drei Schichten: unten der Espresso, darüber die Milch und oben als Krönung der Schaum.) Mit dem Kakao bestäuben und am besten stilecht mit Amaretti (italienisches Mandelgebäck) servieren.

Sojadrink lässt sich sowohl im kalten als auch im heißen Zustand für Cappuccino, Latte Macchiato, aber auch Getreidekaffee ganz leicht aufschäumen. Experimentieren Sie selbst mit Ihrem Lieblingsgetränk!

Nützliche Adressen

Medizinische Informationen
**Arbeitskreis Frauengesundheit in Medizin,
Psychotherapie und Gesellschaft AKF e.V.**
Knochenhauerstr. 20 – 25
D-28195 Bremen
Mail: buero@afk-info.de
Internet: www.akf-info.de

Selbsthilfegruppen, Beratung, Informationen
Dachverband der Frauengesundheitszentren
Goetheallee 9
D-37073 Göttingen
Mail: bv@frauengesundheitszentren.de
Internet: www.frauengesundheitszentren.de

Frauengesundheitszentrum Graz
Brockmanngasse 48
A-8010 Graz
Internet: www.fgz.co.at

Frauengesundheitszentrum Isis
Willibald-Hauthalerstraße 12
A-5020 Salzburg
Mail: office@frauengesundheitszentrum-isis.at
Internet: www.frauengesundheitszentrum-isis.at

**Feministisches Frauengesundheitszentrum
Trotula**
Schwarzspanierstr. 20/10
A-1090 Wien

Linzer Frauengesundheitszentrum
Kaplanhofstraße 1
A-4020 Linz
Mail: office@fgz-linz.at
Internet: www.fgz-linz.at

Frauengesundheitszentrum Bern
Sulgeneckerstr. 60
CH-3005 Bern

Frauenambulatorium Zürich
Mattengasse 27
CH-8005 Zürich

Centre de Santè des Femmes Rosa Canina 4
Rue de Mole
CH-1201 Genf

*Informative und hilfreiche Broschüren
zu den Wechseljahren und zum Ausstieg
aus der Hormontherapie*
Feministisches Frauen Gesundheits Zentrum e.V.
Bamberger Str. 51
D-10777 Berlin
Mail: ffgzberlin@snafu.de
Internet: www.ffgz.de

Seminare und individuelle Wechseljahreberatung

Wechseljahreberaterin Brigitte Hieronimus
Bahnhofstraße 4
D-46359 Heiden
Mail: info@brigitte-hieronimus.de
Internet: www.brigitte-hieronimus.de

**WJB – Das Portal für die
Wechseljahreberatung – Jutta Kreuzberg**
Bonner Str. 26
D-53507 Dernau
Mail: info@wechseljahreberaterin.de
Internet: www.wechseljahreberatung.de

Gesundheitspädagogik

**Deutsche Gesellschaft für
Gesundheitspädagogik (DGG)**
Unterm Heilig Kreuz 14
D-36037 Fulda
Mail: info@dgg-im-web.de
Internet: www.dgg-im-web.de

**Gesundheitspädagogen SKA
(Sebastian-Kneipp-Akademie)**
Alpenstr. 8d
D-86825 Bad Wörishofen
Mail: rueck@gesundheitspaedagogen.de
Internet: www.gesundheitspaedagogen.de

Gesundheitspädagogin Doris Müßig
Kaakweg 12
D-37077 Göttingen

Homöopathie

**Verband klassischer Homöopathen
Deutschlands e.V.**
Thränstr. 29
D-89077 Ulm
Mail: office@vkhd.de
Internet: www.vkhd.de

**Deutscher Zentralverein
homöopathischer Ärzte**
Am Hofgarten 5
D-53113 Bonn
Mail: dzvhae@aol.com
Internet: www.dzvhae.de

Ärztegesellschaft für Klassische Homöopathie
Sekretariat
Kirchengasse 21
A-5020 Salzburg
Mail: office@aekh.at
Internet: www.aekh.at

Homöopathie Verband Schweiz
Sekretariat
Postfach
CH-8708 Männedorf
Mail: info@hvs.ch
Internet: www.hvs.ch

Akupunktur

**DÄGfA – Deutsche Ärztegesellschaft
für Akupunktur e.V.**
Würmtalstraße 54
D-81375 München
Mail: fz@daegfa.de
Internet: www.daegfa.de

**Arbeitsgemeinschaft für
Klassische Akupunktur und
Traditionelle Chinesische Medizin e.V.**
Drakestr. 40
D-12205 Berlin
Mail: sekretariat@agtcm.de
Internet: www.agtcm.de

**Österreichische Gesellschaft für Akupunktur
(ÖGA)**
Huglgasse 1 – 3
A-1150 Wien
Mail: aku@kes.magwien.gv.at
Internet: www.akupunktur.at

**SMS Internationale Gesellschaft
für chinesische Medizin e.V.**
Franz-Joseph-Str. 38
D-80801 München
Internet: www.akupunktur.ch

Yoga

**Berufsverband der Yogalehrenden
in Deutschland e.V.**
Jüdenstr. 37
D-37073 Göttingen
Mail: info@yoga.de
Internet: www.yoga.de

**Berufsverband der Yogalehrenden
in Österreich (BYO)**
Rathausstraße 6
A-1010 Wien
Mail: office@yoga.at
Internet: www.yoga.at

Schweizerische Yoga Gesellschaft
Aarbergergasse 21
CH-3011 Bern
Mail: Sekretariat@syg.ch
Internet: www.yoga.ch

Vegetarische Ernährung
Vegetarier-Bund Deutschlands e.V. (VEBU)
Blumenstr. 3
30159 Hannover
Tel.: 0511/3632050
Fax: 0511/3632007
Mail: info@vebu.de
Internet: www.vebu.de

Österreichische Vegetarier Union
Postfach 1
8017 Graz
Mail: oevu@vegetarier.at
Internet: www.vegetarier.at

**Schweizerische Vereinigung für Vegetarismus
Vegi-Büro Schweiz**
Bahnhofstr. 52
9315 Neukirch-Egnach
Mail: svv@vegetarismus.ch
Internet: www. vegetarismus.ch

Gentechnikfreie Sojaprodukte

»Greenpeace Einkaufsnetz«
Greenpeace e.V.
Große Elbstraße 39
22767 Hamburg
Mail: mail@greenpeace.de
Internet: www.greenpeace.de

Greenpeace Österreich
Siebenbrunnenweg 44
A-1050 Wien
Mail: service@greenpeace.at
Internet: www.greenpeace.at

Greenpeace Schweiz
Heinrichstrasse 147
CH-8031 Zürich
Mail: infoservice@greenpeace.ch
Internet: www.greenpeace.ch

Die Autorin

Die Devise »Frauen an den Herd« hat Irmela Erckenbrecht in ihrem neuesten Buch auf ganze eigene Art interpretiert: als gute Möglichkeit für Frauen, ihr Wohlbefinden und ihre Gesundheit selbst positiv zu beeinflussen. Wissenschaftliche Studien zum spannenden Thema »Wechseljahre« interessieren sie dabei ebenso wie das Entwickeln neuer vegetarischer Köstlichkeiten.

Wenn sie nicht gerade Kochbücher schreibt oder neue Rezepte ausprobiert, übersetzt die Autorin Sach- und Kinderbücher, vor allem aber literarische Werke aus England, Irland und Nordamerika.

Hilfreiche Bücher

Feministisches Frauen Gesundheits Zentrum e.V. Berlin:
Wechseljahre
Aufbruch in eine neue Lebensphase
Selbstverlag

Gerda Hellmann:
Wechseljahre
Mit Naturheilkunde fit und gesund
Aurelia-Verlag

Petra Kolip, Gerd Glaeske, Jens Bucksch, Helga Strube:
Wechseljahre
Was Frauen wissen sollten
Stiftung Warentest

Bernd Kleine-Gunk, Barbara Imgrund:
Ihr Einkaufsführer Phytoöstrogene
Mit Pflanzenhormonen gesund und fit durch die Wechseljahre
Karl F. Haug Verlag

Petra Skibbe:
Ayurveda-Handbuch für Frauen
Typgerecht essen, rundum wohl fühlen
pala-verlag

Karl von Koerber, Thomas Männle, Claus Leitzmann:
Vollwert-Ernährung
Konzeption einer zeitgemäßen und nachhaltigen Ernährung
Karl F. Haug Verlag

Claus Leitzmann, Markus Keller, Andreas Hahn:
Vegetarismus
Grundlagen, Vorteile, Risiken
C. H. Beck Verlag

Barbara Rütting:
Bleiben wir schön gesund
Herbig Verlag

Günter Wagner, Johannes M. Peil, Uwe Schröder:
Trink Dich Fit
Handbuch für das richtige Trinken. Sport – Beruf – Freizeit
pala-verlag

Frank Schirrmacher:
Das Methusalem-Komplott
Karl Blessing Verlag

Jörg Blech:
Die Krankheitserfinder
Wie wir zu Patienten gemacht werden
Fischer Verlag

Friedrich P. Graf:
Ganzheitliches Wohlbefinden, Homöopathie für Frauen
Herder Verlag

Adelheid Ohlig:
Die bewegte Frau
Luna-Yoga für Gesundheit und Lebenslust
Nymphenburger Verlag

Sachindex

Rezeptindex

Rezeptindex

Irmela Erckenbrecht:
Die Kräuterspirale
Bauanleitung, Kräuterportraits, Rezepte
ISBN: 3-89566-190-2

Irmela Erckenbrecht:
Querbeet
Vegetarisch kochen rund ums Gartenjahr
ISBN: 3-89566-163-5

Irmela Erckenbrecht:
Das vegetarische Baby
Schwangerschaft – Stillzeit –
Erstes Lebensjahr
ISBN: 3-89566-143-0

Irmela Erckenbrecht:
So schmeckt's Kindern vegetarisch
ISBN: 3-89566-170-8

Irmela Erckenbrecht:
**Zucchini – Ein Erste-Hilfe-Handbuch
für die Ernteschwemme**
Mit Cartoons von Renate Alf
ISBN: 3-89566-200-3

Irmela Erckenbrecht:
Erbsenalarm!
Mit Cartoons von Renate Alf
ISBN: 3-89566-201-1

Alexander Nabben:
Kochen und Backen mit Tofu
Vegetarische Rezepte ohne tierisches Eiweiß
ISBN: 3-89566-158-9

Margrit Stevanon:
Tofu – fantastisch vegetarisch
ISBN: 3-89566-162-7

Gesamtverzeichnis bei:
pala-verlag, Rheinstraße 35, 64283 Darmstadt, www.pala-verlag.de

Bibliografische Information der Deutschen Bibliothek
Die Deutsche Bibliothek verzeichnet diese Publikation in der
Deutschen Nationalbibliografie; detaillierte bibliografische Daten
sind im Internet über http://dnb.ddb.de abrufbar.

© pala-verlag, Darmstadt 2005
ISBN: 3-89566-212-7
pala-verlag, Rheinstr. 35, 64283 Darmstadt
www.pala-verlag.de
Lektorat: Barbara Reis
Umschlaggestaltung: Daniel Kleimenhagen, Designer AGD, Hildesheim
Umschlagbild: @imageSource
Illustrationen: Margret Schneevoigt
Druck: freiburger graphische betriebe
www.fgb.de
Printed in Germany
Dieses Buch ist auf Papier aus 100 % Recyclingmaterial gedruckt.